监狱人民警察三项基本技能示范手册

JIANYU RENMIN JINGCHA SANXIANG JIBEN JINENG SHIFAN SHOUCE

雷建华 主 编

法律出版社
LAW PRESS·CHINA
北京

图书在版编目(CIP)数据

监狱人民警察三项基本技能示范手册 / 雷建华主编. -- 北京 : 法律出版社, 2023

ISBN 978-7-5197-8626-7

Ⅰ. ①监… Ⅱ. ①雷… Ⅲ. ①监狱—警察—工作—中国—手册 Ⅳ. ①D926.7-62

中国国家版本馆 CIP 数据核字(2023)第 239016 号

监狱人民警察三项基本技能示范手册
JIANYU RENMIN JINGCHA SANXIANG JIBEN JINENG SHIFAN SHOUCE

雷建华 主 编

策划编辑 李 军
责任编辑 李 军
装帧设计 李 瞻

出版发行 法律出版社
编辑统筹 法律应用出版分社
责任校对 王 丰 李景美
责任印制 刘晓伟
经 销 新华书店

开本 A5
印张 5.375 **字数** 160 千
版本 2023 年 12 月第 1 版
印次 2023 年 12 月第 1 次印刷
印刷 北京金康利印刷有限公司

地址:北京市丰台区莲花池西里 7 号(100073)
网址:www.lawpress.com.cn
投稿邮箱:info@lawpress.com.cn
举报盗版邮箱:jbwq@lawpress.com.cn
销售电话:010-83938349
客服电话:010-83938350
咨询电话:010-63939796

书号:ISBN 978-7-5197-8626-7 **定价**:58.00 元

凡购买本社图书,如有印装错误,我社负责退换。电话:010-83938349

编 委 会

序

监狱是刑罚执行机关，国家机器的重要组成部分，是确保国家安全、社会安定、人民安宁的重要力量，是推动法治国家、法治政府、法治社会一体建设的重要阵地，是展示国家法治、社会文明、公平正义的重要窗口。监狱人民警察作为纪律部队，承担着维护社会公平正义、提高罪犯改造质量、保障人民安居乐业的重大任务，既要对党忠诚、政治过硬，又要文武兼备、本领高强，不断锤炼教育改造罪犯的专业技能，努力成为监狱工作领域的行家里手。

万丈高楼平地起。干好监狱工作的前提，在于打好基础、练好内功。好比书法，横、竖、点、撇、捺的基本功练好了，方有可能入木三分；好比文学，遣词造句、谋篇布局的基本功扎实了，方有可能妙笔生花。一名基层监狱人民警察，必须练好讲评教育、个别谈话教育、队列指挥基本功。

基本功很重要，但有的人不太愿意做，认为这些事很烦琐、很枯燥、很辛苦，看不出成绩。对此，我们必须高度警醒。当前，监管工作形势日益严峻复杂，改造与反改造斗争更加激烈，对我们的能力素质提出了新的更高要求。做好基础性、铺垫性的工作，事业大厦才会一砖一瓦牢固矗立起来。

近年来，长沙监狱主动适应新时代监狱工作新要求，锚定“建一流队伍、创一流业绩、树一流形象”工作目标，对标“革命化、正规化、专业化、职业化”队伍建设要求，开展“大培训、大练兵、大比武”系列活动，并提炼形成这本示范手册，具有较强针对性、指导性、示范性和实效性。未来，监狱将进一步总结经验，致广大而尽精微，努力在实践中形成可复制推广的“长监方案、长监模式、长监智慧”，更好回应人民群众的新期盼，树立政法队伍新形象，展现政法队伍新担当。

新时代，新使命，新征程。我相信，在习近平新时代中国特色社会主义思想指引下，在厅党组、局党委的坚强领导下，全狱上下学思想、强党性、重实践、建新功，一定能打造一支让党中央放心、人民群众满意的高素质监狱人民警察队伍，在平安建设、法治建设进程中砥砺奋进，为国家安全、社会安定、人民安宁作出新的更大贡献。

是为序。

湖南省长沙监狱党委书记、
监狱长、二级警务专员

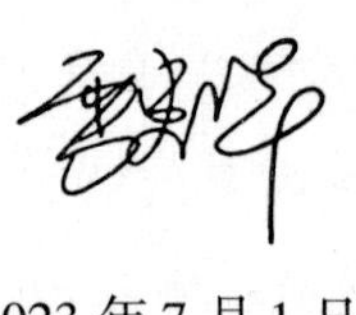

2023 年 7 月 1 日

目　　录

第一章　讲评教育

第二章　个别谈话教育

第三章 队列指挥

第一章　讲评教育

讲评教育是以监区或罪犯小组为单位，由当值主管监狱警察就当天或某一时间段或某项改造活动中罪犯的具体表现等情况进行讲评，肯定成绩、归纳点评、提出要求等教育罪犯的一种教育形式。讲评教育具有灵活机动、简洁及时、贴近罪犯改造实际、教育针对性较强的特点。讲评教育是监区警察管理教育罪犯的基本功之一。

第一节　讲评教育的形式和内容

一、讲评教育的形式

常见的讲评教育形式有出收工前后的日讲评（俗称队前讲评）、周讲评、月讲评和专题讲评教育四种形式。

1. 日讲评教育。每天在组织罪犯出工或收工时进行队前的简要讲评。

2. 周讲评教育。在本周的教育日或休息日集合监区罪犯，对一周内改造情况进行的讲评。

3. 月讲评教育。在月底或月初的教育日或休息日集合监区罪犯，对当月改造情况进行的讲评。

4. 专题讲评教育。就某个重要改造事项作专门的讲评。

二、讲评教育的内容

（一）日讲评教育内容

出工前讲评内容主要包括当天劳动改造的具体问题或事项，以布置工作和强调要求为主。收工后讲评内容主要是对一天中罪犯劳动任务完成情况、劳动纪律遵守情况、劳动质量和劳动进度等方面的情况作简要小结和点评。

（二）周讲评教育内容

周讲评的内容主要包括一周以来监区罪犯学习、劳动、娱乐等改造活动的概况、存在的问题及改进的措施，并对下一周或下一阶段改造活动作出安排和布置。

（三）月讲评教育内容

月讲评的内容主要包括当月监区罪犯学习、劳动、娱乐等改造情况的概况、存在的主要问题及改进的措施，并对下一个月改造活动作出安排和布置。

（四）专题讲评教育内容

专题讲评教育可就监区重要改造活动，监区、分监区存在的突出问题的整改，监狱部署的专项教育整治活动等的意义、目的，开展活动的必要性、重要性，结合实际采取的措施，对罪犯在活动中的要求等展开归纳、点评、宣传、发动、布置。

第二节 讲评教育的组织

一、日讲评教育的组织

1. 时间：在罪犯出工前收工后。

2. 地点：出收工队列集合点。

3. 主讲人：一般由主班警察为讲评人。

4. 讲评内容的准备：主要为当日的生产改造情况，简明扼要地总结生产完成情况，点评当日改造突出事例，或传达分监区下达的通知，通过摆数据讲例子，让罪犯了解当日生产改造计划或目标完成情况。

5. 基本程序：以主班警察为主持人，出收工时向罪犯下达集合命令，到规定场所集合时以罪犯小组为单位，以小组长为排头成纵队，按小组编排序列安静、有序、迅速进入指定地点。要求罪犯着装规范，主持警察整队并核点人数，清点人数准确后开始讲评。讲评时间一般不超过 5 分钟，讲评结束后将队列带出工或收工。

二、周讲评教育的组织

1. 时间：周讲评一般在周日晚上进行。

2. 地点：周讲评选用集合形式，地点一般选择监区罪犯活动室，必要时也可选择室外操场作为会场。

3. 主讲人：周讲评一般由分监区领导为主讲人。

4. 讲评内容的准备：通常情况下，周讲评的内容应事先与监区领导或监区警察进行协商，达成一致，确定讲评的内容。

5. 基本程序：以值班警察为主持人，向罪犯下达集合命令，指令全体罪犯到规定场所集合，集合时以罪犯小组为单位，以小组长为排头成纵队，按小组编排序列，安静、有序、迅速进入指定地点。要求罪犯着装规范，主持警察整队并核点人数，罪犯入座整齐后，组织罪犯集体唱歌，营造会场氛围。主持警察宣布讲评开始，由主讲的分监区长或指导员进行讲评教育。讲评结束后主持警察简要小结，命令队列带回或解散。

三、月讲评教育的组织

1. 时间：月讲评一般在月底或月初进行。

2. 地点：月讲评选用集合形式，地点一般选择监区罪犯活动室，必要时也可选择室外操场作为会场。

3. 主讲人：月讲评一般由监区长或其他监区领导为主

讲人。

4. 讲评内容的准备：月讲评的内容应事先与监区领导和分监区领导进行协商，达成一致，确定讲评的内容。

5. 基本程序：以值班的监区领导为主持人，向罪犯下达集合命令，指令全体罪犯到规定场所集合，集合时以罪犯小组为单位，以小组长为排头成纵队，按小组编排序列安静、有序、迅速进入指定地点。要求罪犯着装规范，主持监区领导整队并核点人数，罪犯入座整齐后，组织罪犯集体唱歌，营造会场氛围。主持讲评会的监区领导宣布讲评开始，由监区长或其他监区领导讲评教育。讲评结束后主持监区领导简要小结，命令队列带回或解散。

四、专题讲评教育的组织

专题讲评教育的组织程序与周讲评相同，主要区别在于，专题讲评教育比周讲评教育的内容更加重要，气氛更加严肃。表现在如下方面。

1. 要求在全场布置上要突出教育氛围，如悬挂横幅、会标。

2. 参加的警察除主持人和主讲人外，一般情况下，监区全体警察均应到会，在主席台就座。

3. 讲评教育过程中，通常要求罪犯记录，会后布置讨论题并进行分组讨论，巩固教育效果。

第三节 讲评教育的要求

作为主讲人的警察，必须在熟悉监区罪犯改造基本情况的基础上，确定恰当的讲评主题，合理运用演讲的技巧，以有效开展讲评教育。

一、讲评主题的确定

周讲评和月讲评除例行对一周和一个月以来监区罪犯改造概况进行简单评述外，还应突出一至两个主题，主题主要根据监区罪犯改造中需要强调的事项来确定，且做到具体明确，不能面面俱到。一般以行为养成、监规纪律、内务卫生、环境卫生、学习纪律、劳动纪律、安全文明生产等方面存在的问题和不足为切入点，也可以监区开展的活动为题。专题讲评主要以监区存在的突出性问题或重要改造活动为主题，如罪犯中发生的严重违纪现象，发生的普遍性、倾向性的消极改造现象，开展的大型专题教育活动、监规纪律整治活动。此外，按照监狱布置开展全监区性的专项教育活动时，监区要结合对罪犯的动员教育进行专题讲评。

二、讲评技巧的运用

1. 讲述的展开要自然，做到层次清晰、重点突出。开语要单刀直入，直奔主题。内容的顺序：先概括讲评整体情况，后讲具体问题；先讲一般问题，后讲重点问题；先提措施，后讲要求。

2. 语言要简洁精练，表达要富有严肃性、鼓动性，声音要洪亮、清晰，有明显的语气色彩，切忌平淡无力。尽量运用口语，简洁、鲜明，论述有逻辑性，并使用普通话。结束性语言应带有号召性和鼓舞性，有要求、有期望、有激励，并注意用语文明，切不可使用辱骂性语言。总体用语要求严肃、庄重，忌嬉笑怒骂。

3. 注重仪表、体态自然。讲评的警察着装要规范整齐，讲评时不抽烟，不提倡带茶杯。坐立自然，表情庄重，眼光平稳而不游离，可运用手势强化语言效果，但不过于张扬。

第四节 讲评教育提纲的撰写

任何形式的讲评都必须有准备。一般情况下，日讲评教育应准备讲话提纲；周讲评、月讲评和专题讲评必须准备讲话稿。撰写讲稿的总体要求是观点鲜明、层次清楚、逻辑严密、重点突出。讲话稿的结构一般分导语、主体和结语三部分。

一、导语

用最简洁的语言提出本次讲评的主题是什么，讲评的目的是什么。

二、主体

主体是讲话稿的核心部分，一般遵循“提出问题、分析问题、解决问题”的逻辑顺序开展。“提出问题”部分主要概括、综述、罗列具体事项。“分析问题”部分要分析问题的背景、产生的原因、存在的危害、与罪犯的关系，分析解决问题的必要性、重要性、紧迫性，为引入“解决问题”奠定理论和思想基础。“解决问题”部分是主体的重点，提出解决问题的方法、措施、步骤、目标等，提示罪犯在贯彻落实过程中要注意和重视的要点。

三、结语

重申工作目标，提出期望，告诫、激励罪犯为达到目标而努力。

第五节 讲评教育经典范例

从上述讲评教育工作指导可以看出，日讲评只需要简单地列好提纲，注意文明用语和警察形象、警察威严即可，关键在于周讲评、月讲评和专题讲评教育。针对周讲评、月讲评和专题讲评教育，掌握其精髓了，养成习惯了，日讲评的本领即可信手拈来，妙语连珠。

教育改造科根据基层工作实际，收录了周讲评、月讲评和专题讲评案例，以供借鉴和参考。

例1：“增强身份意识，强化认罪悔罪赎罪”专题讲评教育

身份意识、认罪悔罪是罪犯内外兼修的必备教育课。警察“好”与“严”的组合，罪犯“罪”与“路”的认知，都有讲评教育发挥作用的巨大空间。罪犯不可能通过一两次讲评就能改造好，但作为监区警察，要努力做到每次讲评都有效果。这是讲评教育的基本功，也是警察的魅力和成就所在。以下专题讲评，有不少可以借鉴和效仿之处。

（一）调整情绪心态，要实实在在记住监区警察的“好”

1. 要适应形势的新要求，不要用消极的心态惩罚自己。

2. 要适应改造的新需要，不要用陈旧的观念敷衍自己。

强调在政策不明朗的情况下，考核分数高是硬道理；不违规扣分是硬道理；身心健康是硬道理（密切关注自己的身体，防病、治病要得力，压力不能减，精神不能倒）。

（二）增强身份意识，要时时刻刻理解监区警察的“严”

1. 身份意识要个性化，区别于他犯。

读书品自高，要挖掘自身尚有的好的品质。7:30到18:00，以及进警察办公室谈话，警察巡查，一律穿囚服。放风，21:00点名前，严禁打赤膊，穿三角短裤。

2. 身份意识要规范化，高于他犯。

（1）进警察办公室："报告，服刑人员某某某到"；"报告，服刑人员某某某有事报告"，经允许，进入。

（2）楼道内遇警察，前面或者最先看到的服刑人员喊"回避"，转身回避。礼让警察，后可以行进。

（3）空旷地带遇警察，转身立定回避，等警察通过。或者喊"报告，服刑人员某某某请求通过"。

（4）警察提问，答"到"或者"是"。

（5）警察进入监舍，喊"起立""警官好"。

3. 身份意识要"重塑"化，严于他犯。

（1）你是什么人？（2）这是什么地方？（3）你来这里做什么？

（三）强化认罪悔罪，要真真切切反省自己所犯的"罪"

要采取灌输式、强制式、反复式的方式，周期性循环教育，贯穿罪犯服刑始终。以认罪为主题，以对犯罪事实、法院判决、犯罪原因和犯罪危害等的认识为主要内容定期开展公开认罪悔罪；以改造的态度、决心和对被害人的忏悔等为主要内容定期开展公开认罪悔罪，积极营造人人比认罪、个个争悔罪的公开认罪悔罪氛围。

（四）端正改造态度，要稳稳当当走好自己该走的"路"

1. 放下"虚架子"，多向警察汇报改造计划、思想情绪、身体状况。

2. 丢掉"虚荣心"，不要把别人办不到，享受不到的事，自己能办到，能享受到，作为自己荣光和炫耀的资本。早日回家，健康回家；能好好活着，快乐活着，才是你炫耀的最大的资本。

例2：改造秩序整顿专题讲评教育

“惩罚与改造相结合，以改造人为宗旨”，是法律赋予监狱人民警察的权力和职责，而“管理、教育、劳动”是改造罪犯的三大手段。每一次改造秩序的整顿，离不开专题会议的宣讲，更离不开专题讲评教育。教育是不是有分量，讲话是不是有威严，与讲评教育的组句、措辞不无关系。好的讲评教育，能够达到事半功倍的效果。

（一）强化身份意识，坚决打击我行我素、目无监规监纪的反改造尖子

身份意识：应当认识到自己是被管教对象，是被剥夺人身自由的罪犯。

（二）强化礼貌意识，坚决打击自由散漫、无视行为规范的“老滑头”“老油子”

1. 讲礼貌是为人的基本准则。要想赢得别人的尊重，你首先要尊重别人。

2. 监区罪犯行为养成扣分情况。

3. 具体要求：

（1）徒手进监；（2）出收工不穿拖鞋；（3）禁止衣衫不整卷裤腿；（4）禁止单独行动，脱离互监组；（5）行进中遇到警察，要立正、靠边、转向背向警察；（6）遇到警察进监

房，要起立、立正、喊“警察好”，向后转；（7）“6S”及规范化达标等卫生习惯的养成，都是行为养成：日常用品摆放、叠被等。

（三）强化专政意识，坚决打击强调改造权利、忽略改造义务的刁钻分子

1. 达到减刑改造分，只是减刑的基础条件。

2. 不履行改造义务，规避改造义务，不积极改造的，找任何关系都没用。杜绝找关系。

3. 减少非一线生产人员编制。

（四）强化劳动意识，坚决打击破坏生产劳动、忽视产量质量的投机分子

1. 生产质量事故频发的原因与生产各个工序的环节有关，与质检有关，但有没有对警察不满，故意破坏生产的？损失达到3000元以上，可以追究刑事责任，可以加刑。

2. 消极怠工，不积极完成生产任务的，坚决从严处理，加强考核。

3. 破坏生产，主动交代的，减轻处罚，不作扣分。积极检举揭发的，兑现奖励；查获的，监区与狱内侦查科联合立案，视损失大小作加刑处理。

（五）强化争先意识，坚决加大改造积极分子的减刑、假释力度

例3：接受劳动改造周讲评教育

“坐牢没得巧，只要会装宝。”罪犯躲避劳动改造的方式

方法，多种多样。装病者有之；嘲讽或者打击产量超前的“同改”有之；威胁或拉拢管线线长，降低生产计划，隐瞒实际产能有之；破罐子破摔，出工不出力有之；甚至有的通过自伤自残躲避生产劳动。劳动改造的讲评教育，是多种多样的，讲评要有针对性。以下是因调整项目后新上项目的动员讲评，具有宣传性和鼓动性。如遇到劳动改造中的其他具体情况，还要用心准备，有针对性地进行讲评。

1. 认清形势，积极参加劳动是尽早回归的最佳途径。

2. 理性维权，诚心认罪悔罪是尽早回归的基本方法。

3. 服从管理，维护和谐环境是尽早回归的良好开端。

4. 平和心态，身心愉悦健康是尽早回归的根本保证。

例 4：“规范改造关系”周讲评教育

“找关系”是社会和监狱都无法规避的话题。如何把复杂的问题简单化，直截了当地讲清关系的危害，彰显正能量，从以下周讲评教育中可以尝试打开一些思路。

（一）根除一种观念

找关系的观念。什么是关系？关系有可能在其他地方行得通，但在我们监区，绝对行不通。你们的关系在哪里？你们的关系就是踏踏实实做事，老老实实做人，规规矩矩改造。那种一门心思“走水路”的，路只会越走越窄。

（二）树立一种思想

树立不做事、不好好改造就没有出路的思想。在我们监区，任何人都不要搞歪门邪道，完不成任务，你就别想“有出路”。而提前完成任务，监区在政策范围之内，给予奖励，在分级处遇中，给予优待。不好好改造，不好好生产，除考核从严外，还可以降低处遇，限制接见、限制购物、限制拨打亲情电话。

（三）营造一种氛围

公平、公正、公开、和谐的改造生产氛围。

（四）畅通一条渠道

畅通申诉、控告、检举的渠道。重大、有失公平、对本人改造有利或不利的问题，都可以直接向监区汇报，监区会畅通渠道，按程序办理。

（五）统一一个目标

面子目标：吃得好、穿得好、警察对我好，当管事犯，有面子。不顾家里的经济状况，爱慕虚荣，这不是有面子，是愚蠢。

统一目标：早日与家人团聚。

例 5：重构人际关系月讲评教育

如何防止“监禁人”性格，重构人际关系，是罪犯遇到的难题，是警察必须攻克的课题。改变错误认知，重构人际关系，罪犯最大的依靠是警察，警察纠偏的最大法宝是讲评教育，因为罪犯获得认知的最大信息源来自警察。

（一）要体贴家人

1. 要从言语表达中体贴家人；

2. 要从节约用钱中体贴家人；

3. 要从不提过分要求中体贴家人。

（二）要服从管教

1. 要从明确身份中服从管教；

2. 要从遵守行为规范中服从管教；

3. 要从感受关爱中服从管教。

（三）要珍惜友谊

1. 要从维护监区集体荣誉中珍惜友谊；

2. 要从维护“同改”改造环境中珍惜友谊；

3. 要从相互关心体贴中珍惜友谊。

（四）要热爱生命

1. 要从关注自身健康中热爱生命；

2. 要从控制冲动中热爱生命；

3. 要从“身体发肤，受之父母”的感悟中热爱生命；

4. 要从美好生活憧憬中热爱生命。

例6：人际关系与心理健康月讲评教育

人际关系与心理健康讲评教育是监区警察运用心理科学的方法，对教育对象心理的各层面施加积极的影响，以促进其心理发展与适应、维护其心理健康的教育实践活动。其目标是培育良好的性格品质、开发智力潜能、增强心理适应能力、激发内在动力、维护心理健康、养成良好行为习惯，即启智、强能、激力、健心、导行。

1. “阳光”心态不可少。

2. 心胸宽广很重要。

3. 正确认知不可少。

4. 生活自信很重要。

5. 行为养成不可少。

6. 有效沟通很重要。其沟通要点如下：

（1）彼此尊重，从己做起；

（2）易地而处，换位思考；

（3）平等互惠，礼让对方；

（4）知己知彼，塑好形象；

（5）把握时机，调适方式；

（6）体现变通，不要圆滑；

（7）汇报沟通，层级递进。

7. 私密空间不可少。

8. 为人坦诚很重要。

坦诚是品格，是一种修为，要靠自己领悟，和在处理同改关系中适当把握。

例7：“我是男人，我要宽容，我很阳光”，快乐改造专题讲评教育

当一个监区出现比较大的监管安全事件或事故，无论是

警察还是罪犯，在情绪情感方面，都会引起极大的震动。这时需要的是警察的淡定从容，外紧内松。整顿必不可少，但更需要开展一系列的文化文娱等教育改造活动，专题教育甚至是长时间的主题讲评教育，更要跟上。

（一）“我是男人”，用男人的心境提升快乐的品位

什么是男人，我认为，男人就是一座山，站着是一座山，倒下了，仍然是一座山。“我男人”，就是你自己本人，讲男人的话，做男人的事，思考男人的问题。

1. 正确理解政策的变化，做男人该做的事。

2. 全面遵守监狱的规定，提升男人该提升的品位。

（1）行为养成是提升男人品位的“精气神”。

（2）内务规范是男人素养的外在表现。

（3）全面严格遵守监规监纪是男人磨炼毅力和赢得相对自由的保障。

①互监组制度。

②严禁违禁物品进监制度。

③作息制度。

④定点吸烟制度。

⑤生产经营管理制度。

3. 坚决消除发挥“社会影响”的妄想，以积极改造的快乐心态营造快乐的生活氛围。

（二）“我要宽容”，用宽容的心态营造快乐的环境

1. 宽容对待同改。

2. 宽容对待家人。

3. 宽容对待关心你的领导和朋友。

4. 宽容对待看似“不公平”的人和事。

万事万物，看无法则，实则都有自己的原则、规则和规范。

（三）“我很阳光”，用阳光的心情绵延快乐的生命

快乐每一天，活好每一天。

第六节 讲评教育模拟训练（九大类）

一、答题要求

请根据下述情景进行讲评，并布置第二天或下周或下月改造任务。要求：（1）内容全面，重点突出；（2）适用法律、规章准确；（3）问题揭批充分、条理清晰；（4）任务布置有号召力、层次感强；（5）警容风纪合规，语言表达规范。

二、答题分类及讲评要点

（一）劳动改造

罪犯劳动态度不端正，或不参加劳动，或没有完成劳动定额任务，或劳动产品质量有问题，造成了经济损失等。

讲评要点提示：建议对劳动改造问题分五层意思进行讲评。

1. 指出问题。指出问题要具体、客观。

例如：今天（这一周、这个月）某分监区的劳动任务没有完成，只完成了计划任务的××%，欠产××%。大部分罪犯还是完成了劳动定额，但是仍然有一小部分没有完成，共计有××人欠产，其中欠产最多的只完成了劳动定额的××%。

2. 分析原因。分析原因要合乎情理。

例如：造成劳动任务没有完成的原因，主要有以下几点：

一是部分新下队的罪犯对生产工艺还不太熟练……

二是有极个别罪犯拈轻怕重，想调整劳动岗位，消极怠工……

三是有个别罪犯因为计分考核规定的调整和减刑假释政策的规范与从严，对服刑前景失去信心，产生消极情绪……

四是管理人员监督不到位，没有及时发现上述人员劳动过程中的不正常情况……

3. 分清责任。追究责任要明确到人，理由要充分。

例如：造成这次没有完成劳动任务的直接责任人有新下队的罪犯中×××，欠产10%；×××受减刑假释政策调整影响产生消极情绪，欠产20%；×××消极怠工，欠产30%。其中，最严重的×××欠产50%。

4. 作出处理。处理要有据可依，轻重适度。

例如：根据计分考核办法、罪犯劳动改造和罪犯行为规范的有关规定，给予上述人员如下处理：

（1）对消极怠工的×××酌情予以扣分……

（2）对新下队没有完成劳动任务的×××提出批评……

（3）对因计分考核规定的调整和减刑假释政策的规范与从严而影响改造情绪，没有完成劳动任务的×××提出批评……

5. 提出要求。提出改进要求要目标明确，要求具体，有可操作性。

例如：为了防止此类事件的再次发生，确保分监区能够按时完成劳动任务，我提出以下要求：

第一，罪犯要自觉提升身份意识，端正劳动态度……

第二，重申劳动纪律，全体罪犯都要不折不扣完成定额劳动任务，确保劳动质量……

第三，要进一步强化劳动现场管理，加强对新下队罪犯劳动技能的培训，各生产线要发扬罪犯劳动技能传帮带的好传统，罪犯之间提倡互帮互助……

（二）教育改造

罪犯不参加教育日活动、不积极参加“三课”教育、不积极参加集体文体活动、沉迷网络小说等。

讲评要点提示：建议对教育改造问题分四层意思进行讲评。

1. 指出问题。指出问题要客观、具体。

例如：本周有×××、×××没有参加教育日活动……

2. 讲清危害。讲危害要抓住问题实质，言简意赅。

自觉接受教育，参加健康有益的文体活动，是罪犯服刑改造的基本要求，是罪犯认罪悔罪、改造思想、矫正恶习的重要途径；拒绝接受正常教育，不积极参加集体文体活动，是违规违纪行为；经常沉迷于网络小说中，被网络小说中虚幻的情节洗了脑，导致心灵空虚，丧失改造意志……

3. 作出处理。处理此类问题，要以批评教育为主。

例如：为了防止类似事情的发生，对没有参加教育日活动的×××提出批评，今后必须按时参加教育日活动，否则按照有关规定进行处罚，希望×××不再沉迷于格调虚幻的网络小说……

4. 提出要求。提出的要求要合情合理，有可操作性。

例如：读书是好事，但要读健康向上、格调高雅的书。现在有部分罪犯沉迷于格调低下的网络小说，导致心灵空虚，影响正常改造，必须引起重视，加以引导。

第一点：清查违规书籍，以后所有进入监区的书籍都要经过检查批准……

第二点：禁止罪犯在晚上熄灯就寝后看书……

第三点：对沉迷网络小说的罪犯举办集中学习班……

（三）违规违纪

个别罪犯存在违反规定吸烟、熄灯就寝后不睡觉、乱拿或偷东西、脱离互监组单独行动、私自串队和游监串号、违反“三零”“三不”规定、打架斗殴、自伤自残、不服从管教、私藏违规违禁品的现象等。

讲评要点提示：建议对违规违纪问题分三层意思进行讲评。

1. 指出问题。要先讲现象，再具体到人。

例如：近段时间，罪犯中出现了脱离互监组单独行动、不服管教等问题，×××打人、×××私藏违禁品……这些严重影响了罪犯的改造生活、监狱生产和监管安全……

2. 作出处理。处理要依规依法，简洁明确。

例如：根据监规监纪和罪犯行为规范的相关规定，对上述违规违纪人员给予以下处理……

3. 提出要求。

在罪犯中出现这样的问题，性质是十分恶劣的。这说明在罪犯中还有一部分人思想上抗拒改造，不认罪悔罪，不接受教育，不服从管理。这些行为如果得不到及时制止，必然会严重影响监管秩序和监管安全。为了防止这样的行为再次发生，我提出以下几点要求：

一是要进一步强化身份意识。要清楚监狱是什么地方，你是什么人，你来这里是干什么的……

二是要进一步提升规矩意识，要自觉敬畏法律法规、监规监纪，严格遵纪守法……

三是要进一步坚定改造信心，只有主动向政府靠拢，自觉接受管教，踏实投身改造，才有出路；只要积极表现，认真改造，回归指日可待……

（四）行为规范问题

个别罪犯行为规范养成不到位。如不能背诵《监狱服刑人员行为规范》和互监组相关制度，内务整理不达标，生活物品不按规定摆放，遇见来宾和警察不回避，进入警察办公室时不打报告等。

讲评要点提示：建议对行为规范问题分四层意思进行讲评。

1. 指出问题。指出问题要具体到人，到细节。

例如：这段时间，监区连续发生了罪犯不遵守行为规范的行为。×××遇到警察不回避、×××进入干部办公室不报告……

2. 分析原因。重点要从思想认识上找原因。

例如：罪犯行为规范是罪犯的行为准则，是必须遵守的。个别人员不遵守罪犯行为规范，原因是多方面的，但主要原因还是在思想认识上……

3. 作出处理。处理要以罪犯行为规范为依据，合情合理。

例如：罪犯行为规范是强制性的，所有罪犯都必须严格遵守。违反罪犯行为规范的行为是必须要受到处罚的。根据×××、×××违反罪犯行为规范的事实，分别给予如下处罚……

4. 提出要求。要强调罪犯行为规范的强制性。

例如：罪犯行为规范是维护监管秩序的基本规章，是每一个罪犯必须严格遵守的行为准则，不是谁想遵守就遵守，不想遵守就可以不遵守的。下面，就罪犯行为养成提几点要求……

（五）减刑、假释及政策变化的影响

看到同改刑满释放后思想不稳定，或报减刑、假释没有达到自己的期望，或家里困难交不起罚金，或受新的减刑、假释政策影响，感到前程一片灰暗，出狱的日子遥遥无期，思想波动很大，影响改造质量。

讲评要点提示：建议对减刑、假释及政策变化的影响分三层意思进行讲评。

1. 指出问题。指出问题要客观全面。

例如：近段时间，由于减刑、假释及政策变化的影响，部分罪犯的减刑假释受到影响，对前途悲观失望，出现了一些消极现象……

2. 说明危害。说明危害要中肯、具体。

例如：法律和政策都是国家意志，谁也无法改变。作为罪犯只有无条件服从，谁也不可能例外。如果因为法律和政策的变化，有的罪犯不能冷静面对，消极悲观，不能管控好自己的情绪，导致出现不遵守监规监纪，甚至影响监管秩序和监管安全的情况，后果最终还是需要罪犯来承担的。因为

监规监纪也是高压线，是不能触碰的，违反监规监纪，最终影响的还是自己的减刑、假释。

3. 提出要求。

例如：面对新的减刑、假释政策，作为罪犯，唯一的选择就是冷静面对，调整心态，努力改造，尽快适应新的减刑、假释变化。下面，我提几点要求……

（六）同改帮助

个别罪犯家里受灾、子女上学困难、家里贫困，同改知道后，深表同情，纷纷要求捐款。

讲评要点提示：建议对同改帮助分两层意思进行讲评。

1. 说明情况。要说明事情来由，充分肯定其积极意义。

例如：最近，罪犯×××家里因为山洪暴发，房屋倒塌，家人受伤，受灾严重。监区部分罪犯知道×××家里的受灾情况后，不仅纷纷安慰他，而且要求为他捐款。对罪犯之间这种互助友爱的表现，监区是充分肯定的……

2. 分析引导。要从罪犯的现实情况出发。

例如：×××家里受灾的情况，确实值得大家同情，如果条件允许，也值得大家出手帮助。但是，大家要清楚，你们现在是在服刑，不仅不方便和外面联系，而且没有收入来源。如果同意让你们捐款，那也是大家向家里要钱。其实，帮助×××的方法有很多，我认为，现在大家能够做到而又对×××最有用的就是生活上照顾、思想上开导、心理上安慰他，让他安心改造，争取早日回去和家人团聚。至于他家里目前的困难，我们应该相信政府，政府一定会对他家里进行救助的。

（七）同改冲突

罪犯之间发生争执或产生肢体冲突。

讲评要点提示：建议对同改冲突分四层意思进行讲评。

1. 指出问题。指出问题要直接、明确、严厉。

例如：今天，在车间发生了罪犯×××和×××发生肢体冲突的事情，严重影响了生产秩序和监管秩序……

2. 分清责任。分清责任要准确，有理有据。

例如：今天，之所以会发生这样的事情，主要是×××和×××在生产过程中因为质量问题互相推诿责任引起的。经过查明……

3. 处理问题。处理问题要客观公正，有据可依。

例如：发生这样的事情，是监纪监规所不允许的。根据罪犯行为规范和监规监纪的规定，给予×××……处罚，给予×××……处罚。

4. 提出要求。要求要严厉、明确、具体。

例如：我们也不希望处罚人，希望所有罪犯能够平平安安，顺顺利利。但是总是有个别罪犯不听劝告，恶习不改，开口就骂人，动手就打人。这是绝对不能容许的。我希望全体罪犯以他们这次的事情为戒……

（八）情绪问题

个别罪犯情绪低落、不稳定、出现波动、意志消沉，影响正常改造。

讲评要点提示：建议对情绪波动问题分三层意思进行讲评。

1. 指出问题。指出个别罪犯的问题。

例如：罪犯×××以前的改造表现一直很好，劳动积极，遵规守纪，但是他最近有点反常。生产劳动打不起精神，连续两天没有完成劳动定额。出工站队的时候也拖拖拉拉，多次走在最后。在此，对×××提出严厉批评……

2. 分析原因。分析原因要客观，要正视罪犯遇到的现实情形，明确指出影响情绪的原因。

例如：个别罪犯如×××，出现的反常情况是情有可原的。节日来了，他家里也不知道什么原因，没有来会见，给家里打电话也没有人接。这样的状况令人同情。还有，所有有焦虑情绪的罪犯，并不都是从思想上抵触改造。

3. 积极引导。要在指出其负面的影响后，宣讲采取的措施，以此对其他人员进行教育引导。

例如：人非草木，岂能无情。我们理解大家的焦虑情绪。个别罪犯家里出现异常情况，他的心情我们是能够理解的，也表示同情，而且监区通过当地司法所，设法跟他的家里联系。但是，在这里我们要郑重指出，所有有焦虑情绪的罪犯，不能因为过节了或家里的原因而影响你的服刑改造。监狱也不会因为过年过节或你家里发生的事情，就放松对你的改造。希望你冷静面对，调整心态，稳定情绪，积极改造。如果你不能管控好自己的情绪，任其发展，就变成了抵触改造，后果是十分严重的。监狱和监区很关心大家，过年过节安排了一些文娱活动，这也是缓解节日焦虑的办法，希望大家踊跃参加。

（九）迎检布置

上级或监狱开展主题活动和专项工作督查，准备迎接上级检查。

讲评要点提示：建议对迎检布置分三层意思进行讲评。

1. 介绍情况。介绍情况要全面，重点要突出。

例如：下周，监狱或省局要来监狱进行行为规范大检查。检查的范围包括……检查的重点是……

2. 布置任务。布置任务要具体，责任要明确。

例如：为了迎接省局的检查，全体罪犯都要做好充分准备，做好如下事情：

一是认真温习《监狱服刑人员行为规范》和互监组有关制度要求，要做到熟记……

二是认真反思自己行为养成中存在的不足，有则改之，无则加勉……

三是罪犯之间、互监组之间相互监督行为规范的遵守情况……

3. 提出要求。要求要具体，重点要突出。

例如：这次迎检是对全体罪犯行为养成的一次集中检查，希望引起大家的高度重视。在此，我提几点要求：

一是要从思想上高度重视这次检查……

二是要从行动上高度重视行为养成……

三是要从每一个细节上严格要求自己……

第七节　讲评教育中须注意的问题

一、对罪犯的称呼问题

1. 原则上严格称呼“罪犯”。因口语或者改造需要，可以称呼“各位服刑人员”。

2. 在教学过程中的讲评，为活跃气氛，可以称“各位学员”。

3. 对劳动表现突出的分开分类的讲评，特别是在 QC 攻关活动中的讲评，为给予激励，可以偶尔称呼“员工”或“特殊劳力”。

4. 严禁有口误，称“同志”的错误。

二、警察形象的问题

1. 着装整齐、整洁、规范。

2. 严禁吃东西，特别是抽烟、嚼槟榔。

3. 呈立正姿势，站姿挺拔。

4. 特别情况下，可以双手前握，左手握住右手，或者右手握住左手。

5. 原则上不借助设备，声音要求清晰洪亮，也可以借助手持电喇叭或戴“小蜜蜂”等扩音装备。

三、警察“表达”问题

1. 讲评教育中切记不要出现脏话和不文明口语。

2. 控制情绪，确保落落大方，威严有仪。

3. 可以用肢体语言互动，但幅度不宜过大。语言和行为与警察身份相符。

4. 强化训练，多打腹稿，讲评教育要做足功课，不要日日年年“现白话”，不要出现不讲评还好，讲评就威严、效果尽失的情况。

5. 加强学习，“不做外行事，不讲外行话”。

6. 声音洪亮、清晰、有条理。高深的理论、复杂的政策，都应地方化、简单化、个性化。

第八节 讲评教育案例

一、劳动改造讲评教育

讲评主题：劳动改造

讲评人：×××

今天就分监区劳动改造情况作讲评，分监区劳动现场秩序较好，劳动成品的质量较前段时间有了较大的提升，这是所有人一起努力的结果。不足的地方是，劳动改造任务只完成了计划任务的95%，仍然有15人没有完成劳动定额，其中完成最低的只完成了劳动定额的30%。但大部分人员还是完成了劳动定额，有20%的人员超额完成劳动任务，特别提出的是，高某完成了劳动定额的135%，这里进行点名表扬。综合分析劳动改造的情况，造成劳动改造任务没有完成的原因，主要有以下几点：

一是部分新下队罪犯对劳动工艺不熟悉，参加岗位技能培训态度消极。

二是个别罪犯因计分考核、劳动报酬发放和减刑、假释等规定调整，产生消极情绪。

三是极个别罪犯质量意识不强，导致生产的产品不符合质量要求，出现返工的情况。

根据《监狱法》第3条、第7条、第69条，监狱对罪犯实行惩罚和改造相结合、教育和劳动相结合的原则；罪犯必须严格遵守法律、法规和监狱纪律，服从管理，接受教育；有劳动能力的罪犯，必须参加劳动。

根据《湖南省监狱计分考核罪犯工作实施细则》有关规定，对以下人员予以考核：

依据《湖南省监狱计分考核罪犯工作实施细则》第44条第1款第7项规定，给予参加岗位技能培训态度消极造成欠产5%的王某扣劳动改造分1分处理。

依据《湖南省监狱计分考核罪犯工作实施细则》第44条第1款第8项规定，给予因计分考核规定调整，产生消极情绪造成欠产15%的李某扣劳动改造分1分处理。

依据《湖南省监狱计分考核罪犯工作实施细则》第44条第2款第3项规定，给予出现产品质量问题没有及时纠正造成欠产30%的肖某扣劳动改造分2分处理。

为了防止此类事情的再次发生，确保分监区能够按时完成劳动任务，提出以下要求：

第一，提高生产效率。根据《湖南省监狱罪犯劳动岗位与劳动分类定级管理办法》《湖南省监狱罪犯劳动定额管理办法》，分监区在劳动过程中实行定岗定位、定级定额、操作规范化、质量标准化等横向的管控，与生产流程中实行的连续性、均衡性的纵向管控构成纵横交错的管理网络，以提高生产效率，在有限的劳动时间内完成生产任务。

第二，提高质量意识。根据《监狱法》第70条，监狱根据罪犯的个人情况，合理组织罪犯劳动，使其矫正恶习，养成劳动习惯，学会生产技能。分监区从自觉、行为、作风、思维定式等不同方面矫治厌恶劳动的恶习，运用正确的激励方式，使你们端正劳动态度。你们要记住质量是产品的生命，也是整个分监区劳动改造工艺的核心，与大家的劳动报酬、劳动考核和物质奖励等息息相关。每个产品都是你们一针一针扎出来的，成品没有达到质量要求返工重新做，实在太可惜了。所以，生产时就要注意质量要求，确保生产一个是一个，尽量不要出现返工现象。

第三，重申劳动纪律。在劳动现场严格遵守“三零”“三不”管理要求，“6S”管理要求，保证劳动现场规范有序。

最后，我希望通过大家的共同努力，让分监区的劳动改造再上一个新的台阶。同时希望你们努力学习掌握劳动技能，为回归社会、融入社会，做守法公民打好基础。

讲评完毕。

二、教育改造讲评教育

讲评主题：教育改造

讲评人：×××

本周以来，我们在督查中发现一个现象：部分罪犯沉迷网络小说，有的甚至到了“废寝忘食”的程度：晚上就寝了，还在偷偷地看，导致第二天劳动时精神恍惚，队列行进中无精打采。更严重的是，有人以生病等各种理由不参加教育日活动，不积极参加“三课”教育，不积极参加集体文体活动，仿佛自己真成了虚拟世界的人物，逃离了这个特殊的环境。

在这里，我要明确地告诉大家，国有国法，监有监规，《监狱服刑人员行为规范》是你们的底线，更是你们的“警戒线”和“高压线”，不能通融，没有回旋余地。自觉接受政治思想教育、心理健康教育、技术教育等，是每个罪犯服刑改造的基本要求，也是认罪悔罪、洗心革面、重塑新生的重要途径。

同样地，积极参加健康有益的文体活动，可以增强体质，陶冶身心，这也是罪犯的行为准则。未经过警察批准，缺席甚至拒绝接受教育，不积极参加集体活动，本质上是严重违反监规监纪的行为。

不否认，网络小说有它的吸引力，天马行空的想象以及超越现实的刺激，的确能使你们偶尔逃离面对现实的痛苦，获得暂时的感官愉悦和精神放松，尤其是在服刑期间，身体缺乏自由，思想更容易信马由缰。但我想和你们讲的是，我们是人，是人就得面对现实。“人”字一撇一捺，左一撇是想法，右一捺是约束，光有想法没有约束，这“人”就垮了。

于你们而言，现实是什么？现实就是暂时没有自由。如果违反监规纪律，就得承受相应的处理。往轻里说，痴迷网络小说而导致违规违纪，影响正常的改造，那就因小失大，得不偿失了。往重里讲，经常沉迷在网络小说中，沉浸在虚幻的世界里，被异想天开、脱离现实的错误思想观念洗了脑，被低级趣味分了神、走了心，那将是十分危险的，精神因此萎靡不振，好不容易平静下来的心灵又浮躁起来，刚刚坚定的改造意志又松懈下来，甚至完全丧失，这岂不是前功尽弃、功亏一篑吗?

今天在这里对沉迷网络小说、不积极参加教育日活动的罪犯提出批评，不要再沉迷网络小说，将精力集中到改造上来。大家必须吸取教训，引以为戒，今后必须按时积极参加教育日活动，否则将严格按照相关规定处理。

提几点要求：一是要严守监规监纪。时刻谨记监规监纪，内化于心，外化于行，经常对照，反躬自省，随时检讨并纠正自己的言行，坚决杜绝此类问题再次发生。互监组制度是监狱监管改造的基本制度，对于沉迷网络小说的现象，大家要共同说“不”，共同拒绝。二是要严格作息制度。监狱的作息安排，要求所有罪犯必须无条件执行，组织和安排的各种教育和文体活动必须积极主动参加。禁止在晚上熄灯就寝后看书。在监管改造上，我们就是“一刀切”，不搞例外，没有特殊。三是要严管各类书籍。所有进入监区的书籍都要经过检查批准，凡未经批准的，一律视为违规品。哪些书能看，哪些书不能看，监狱有明确规定，监区也会宣传到人。

四是鼓励读好书，好读书。读书是好事，必须发挥读书的好效益。今后教育矫正科会根据教育改造的需要，定期向大家推荐一批好书，并开展读书交流会，经常给大家提供精神的盛宴，让大家在书海里汲取丰富的营养。对极少数仍然沉迷网络小说的罪犯将举办集中学习班，使之尽快从这一精神的泥潭中解脱出来，早日沐浴健康有益的知识阳光，朝着改造新生的康庄大道不断迈进。

讲评完毕。

三、违规违纪讲评教育

讲评主题：违规违纪

讲评人：×××

近期我监区监管改造稳定，未发生严重违规违纪行为，同时能较好地完成劳动改造任务，在监狱的各项评比中取得好的成绩，这里提出表扬，希望大家戒骄戒躁、再接再厉，严格要求自己，遵守各项监规纪律，为集体添荣誉，也是为自己作证明。

虽然我们取得了一定的成绩，但在上级和相关业务科室的检查中发现，仍存在违反“三零”“三不”管理、互监组管理等问题，特别是在辅助岗位和非一线岗位的人员中，这种现象特别突出。

罪犯张某，今天12:30，未经民警允许，擅自离开劳动岗位，根据《湖南省监狱计分考核罪犯工作实施细则（试行)》第5章第42条第4款第3项之规定，予以扣考核分4分的处理。

罪犯李某、王某和张某为同一互监组，根据《湖南省监狱计分考核罪犯工作实施细则（试行)》第4章第38条第5款第1项之规定，取消本旬互监组奖分。

也许有部分人对处理决定不理解、不认同，究其原因，一是对“三零”“三不”的认识上还不到位，深挖的话就是对监规纪律的认识还不到位，服从性和纪律性不高；二是有部分人认为这是劳动改造工序流程导致的，不应该考核到个人，这也是一个认识上的错误，各种规定的制定和要求不是说为了这个就可以放松另一个。要知道，“三零”“三不”管理、互监组制度是监狱的基础制度，是所有人无条件必须执行的，违反制度的后果不单单是影响你们自己，监区同样要受到上级领导的批评，你们的行为不仅代表着个人，同样代表着这个集体在铁一般制度下的执行力。

违规被考核扣分，心里有想法可以理解，但是制度不能违反。当然，一次犯错也并不是全盘否认你们，作为男人，错了就是错了，错了就要承担，不要总给自己找借口。好的地方要继续坚持，有问题要及时改正。监狱改造罪犯，就是为了让你们学会服从社会规则，这样也是为了你们今后可以更好地回归和适应社会。在今后的工作和生活中，将这些教训时时刻刻记在心中，为人更加谨慎，相信今后的路会走得更加顺利一些。

接下来，监区将重点对“三零”“三不”管理、互监组管理进行检查，坚决打击违规违纪行为。我在这里提几点要求：

（1）所有人要从这件事情上吸取教训，认识到监规纪律的严肃性，无条件服从和遵守监规纪律；

（2）所有人要对照“三零”“三不”管理、互监组管理等规定，从严要求自己；

（3）所有人，特别是互监组成员之间要互相帮助、互相提醒，避免违规违纪行为的发生。

希望大家时刻绷紧这根弦，坚决与违规违纪行为作斗争，养成良好的习惯来证明自己，给自己争口气，也给家人争口气，给自己一份希望，也给家人一份希望，将来回归社会做子女的表率，去创造更好的生活和未来。

讲评完毕。

四、关于行为规范的队前讲评

讲评主题：行为规范讲评教育

讲评人：×××

近期我们监区连续发生了几起罪犯不遵守行为规范的违规行为，比如，3月14日发生的张三行为养成不好，在收工集合时背手、插口袋；李四于3月16日在生产车间与警察相遇不让路。

这些都是违反了规范的行为，应受到相应的处理。我看最近正好有许多新犯下队了，所以我先跟大家说说什么是行为规范。

（一）什么是行为规范

《监狱服刑人员行为规范》，俗称“38条”，因为规范一共有38条，所以俗称“38条”，以前俗称“58条”，那是《罪犯改造行为规范》（已失效）。“38条”是在2004年3月司法部部务会议审议通过的，是罪犯接受改造必须遵守的行为准则，是考核罪犯改造表现的一项基本内容，是实施奖惩的重要依据。

这里有三句话：（1）是罪犯接受改造必须遵守的行为准则。这里注意“必须”两个字，不是用的“可以”，而是“必须”，说明了强制性。（2）是考核罪犯改造表现的一项基本内容。怎样判断你改造表现好还是不好？就看这些基本内容，虽然不是全部内容，但是基本的都在里面了。（3）是实施奖惩的重要依据。说明它具有考核性，你照做了就会奖励，没有照做就会惩罚。

（二）不遵守会有怎样的后果

这些所谓的“小事”带来的后果“并不小”，对于你在计分考核、减刑假释、分级处遇等都会有“不小”的影响。比如，因为此事你会被考核扣分，从而在减刑假释上就会有影响，轻的会直接核减你的减刑时间（提一下违规和无违规在减刑上的差别），重的会直接不予通过，延缓呈报。在分级处遇上也会有一定的影响，会影响你们的会见、亲情电话、购物、加餐、放风等改造生活的方方面面。这些都是没有遵守行为规范所带来的严重后果。

（三）为什么没有遵守“38 条”

有的罪犯认为这些都是“小事”，不足为道，也对服刑没有什么大的影响，这些看似是行为上所谓的“小事”，其实“并不小”。因为这些其实都是思想上没有认识到位的“大事”，为什么这么说呢（问问有没有人注意到宣传栏）？正如2号楼上的巨幅宣传画上的那三句话：你们是什么人？这里是什么地方？你在这里做什么？面对这“正义凛然”的三个追问，你的答案就是你的态度。有了强烈的身份意识，才会有严格的行为规范。个别罪犯“不拘小节”，正是他们思想上忘了身份，行动上就不知轻重。思想没有认识到位，就会导致行为有所偏差。所谓失之毫厘，谬以千里。要想不发生这些违规违纪行为，首先思想上就要重视，就要认识到位，行为规范就是规范大家的行为的，要时时刻刻以行为规范为准绳。大家对物理上的“警戒线”比较清楚，知道不能超越，那体现罪犯身份的“38 条”就应该是思想上、精神上的“警戒线”，要常念在嘴，熟记于心，一言一行都要以它为准绳。

（四）宣布处理意见

为了规范大家的行为，也为了警示其他罪犯，经分监区集体评议，针对罪犯张三行为养成不好，在收工集合时背手、插口袋的违规行为，根据《湖南省监狱计分考核罪犯工作实施细则（试行）》第42条第1款，给予罪犯张三扣考核分1分的处理；针对李四与警察相遇不让路的违规行为，根据《湖南省监狱计分考核罪犯工作实施细则（试行）》第42条第2款，给予罪犯李四扣考核分2分的处理。要求两人对违规行为写出深刻检讨，在分监区全体罪犯大会上作公开检讨。本周的教育日，以监舍为单位，开展小组讨论，主题就是“如何提升身份意识，加强行为养成”。

最后，我想和大家说，“勿以善小而不为，勿以恶小而为之”。你们现在是在服刑，也可以讲是人生最黑暗的时刻，能否走出黑暗迎来光明完全在你们每个人的态度。“改造无小事”，既说明关乎身份意识的任何小节都要高度重视，也是提醒大家把握好服刑的这一段时光，从小事做起，砥砺品格，打磨心性，为以后重获自由、回归社会做好性格、教养、修为等“软实力”上的准备。人生之路漫漫，每一步都算数。

五、减刑、假释讲评教育

讲评主题：减刑、假释

讲评人：×××

近期，监狱2022年第一批减刑、假释评审结果已在监内进行公示。据反映，被暂缓呈报的罪犯思想情绪有较大的波动，消极沮丧、悲观失望等负面情绪严重，影响了个人的正常改造，有的甚至影响了改造秩序的稳定。对于这个问题，我在这里作一个讲评。

（一）正确理解《刑法》的基本原则和当前的法治环境

1.《刑法》的主要原则：罪刑法定原则、适用法律人人平等原则、罪责刑相适应原则。今天，我们主要来理解“罪责刑相适应原则”。所谓罪责刑相适应，是指刑罚的轻重，应当与犯罪分子所犯罪行和承担的刑事责任相适应。它对于我们刑罚执行工作具有较强的指导意义。作为刑罚执行机关，监狱必须坚定地维护判决的法律效力和权威，特别是在减刑、假释方面，要充分理解并落实这个原则，不能简单地考虑罪犯改造表现，而忽略了其原本应受到的相应惩罚。

2. 全面依法治国的法治环境。全面依法治国是党的十五大在1997年提出的，是我国“四个全面”战略布局的重要一环。1997年《刑法》修订，先后发布了11个修正案和13部司法解释。这体现了法制在不断健全和完善，一些法条的修改也是基于社会经济发展中所遇到的具体问题而适时进行调整。我们要深刻领会并紧跟当前形势，宽严相济的刑事政策在司法的各个领域都越来越凸显。作为刑罚执行环节，减刑、假释工作中也应贯彻落实宽严相济刑事政策。

（二）正确看待减刑、假释政策的新变化

1. 关于实质化审理。审理减刑、假释案件应当全面审查刑罚执行机关报送的材料，既要注重审查罪犯交付执行后的

一贯表现，同时要注重审查罪犯犯罪的性质、具体情节、社会危害程度、财产性判项履行情况等，切实防止将考核分作为减刑、假释的唯一依据。对于罪犯计分考核材料，也要认真审查考核分数的来源及合理性。

2. 关于财产刑履行的问题。当前，在减刑、假释案件办理中，财产性判项履行的要求越来越严格。对于有履行能力而拒不执行或不积极履行的，都视为不认罪悔罪。现实中，有的罪犯家庭确有困难，无法履行财产性判项，对于这一部分罪犯，一是要提供相关的贫困证明或其他无履行能力的证明材料；二是需要树立正确的消费观念，降低狱内消费，主动将亲友汇款和报酬节省下来积极履行财产性判项。监狱也会尽力与法院沟通，在裁定减刑、假释时，对于确已尽力履行的罪犯，可以给予机会。

3. 关于“踩点”“顶格”呈报的问题。法院对“顶格”“踩点”作出了明确的规定。分监区提出减刑时间超过1个月的，不属于“踩点”减刑；对于刑执机关提请减刑幅度不超过8个月的，不属于“顶格”减刑；职务犯罪案件，提请幅度不超过5个月的不属于“顶格”减刑。

4. 关于对法院裁定后考核分清零的问题。湘高法发〔2021〕28号文件明确规定：罪犯获得减刑或裁定不予减刑假释的，其原提请减刑、假释所获得的表扬数、奖励分归零，间隔时间重新计算。这一条对于被裁定不予减刑假释的罪犯来说，影响非常大。一旦清零，则整个考核期和考核分都从头来过。所以，为了避免这种考核清零不发生，监狱方面会视情况暂缓呈报或提前撤回。

（三）正确把握服刑期间的改造目标和努力方向

1. 要加强思想改造。“认罪悔罪”是提请减刑、假释的首要条件，每个申请减刑、假释的罪犯都会写悔罪书，但真正有多少罪犯对于自己的犯罪行为给他人、社会造成的危害而存有发自内心的“负罪感”？相当一部分罪犯把自己的改造与获得减刑奖励很自然地对等认识，认为自己改造行为上没有问题就应当获得减刑，否则就是不公平。减不到刑就有意见、闹情绪。这种认识是完全错误的，正说明了他并没有在思想上认罪悔罪。因此，建议每个罪犯都要认真反思一下，自己是否有对他人、社会的“负罪感”，是否真正认识到应该为此而发自内心地去“赎罪”，这样才会真正从思想上改造自己。

2. 要及时调整心态。减刑、假释是一种刑事奖励，而不是罪犯应有的普惠制权利。案件未能通过审查，都是有原因的。有的是实体条件上不符合，有的是违规扣分、财产刑履行不积极，有的是因为犯罪行为性质等。所以，每个人都要对照具体情况，反思自己存在的问题，从而加以改进，而不是一味地怨天尤人、悲观消极，甚至抵触抗拒。

3. 要合理规划自己的服刑生活。把刑期当学期。漫长的服刑生活确实难熬，要使自己的时间不那么枯燥，培养一些兴趣爱好，比如：弹弹吉他、练练书画、看看书、打打球等。

通过这些活动，既提高了自己的文化修养，丰富了闲暇的服刑生活，也一定能在这些活动中感悟人生，调整心态。

4. 加强自我约束，切实做到遵规守纪。从这次被缓报的案件来看，相当一部分是因为在考核期内有违规考核扣分。每个罪犯都要有“不违规违纪”这个底线意识，何时何地都要加强自我约束，不去触碰监规监纪的“高压线”。

当前减刑、假释政策的收紧，对每名服刑人员都是考验，希望全体罪犯明确目标，调整心态，找准方向，积极改造，弃旧图新，争取以全新的自我回归社会。

讲评完毕。

六、同改帮助讲评教育

讲评主题：同改帮助

讲评人：×××

前几天，我们监区发生了一件大家非常关注的事情，罪犯刘某家里因为山洪暴发，房屋倒塌，受灾严重。监区部分同改知道刘某家里的受灾情况后，主动报告警察，想要献爱心，为他捐款。就这件事情，我想给大家讲三层意思。

第一，监区充分肯定这件事的积极意义。一是遇到问题主动向警察报告，反映你心里的想法，这种行为方式是正确的，符合罪犯行为规范要求。二是对这种互助友爱、相互帮助、照顾的表现，既是中华民族传统美德在狱园中的展现，也弘扬了服刑改造的正能量，监区给予充分的肯定。

第二，在此我给大家通报一下罪犯刘某家里受灾及救助情况。监区警察了解到罪犯刘某家里受灾消息后，主动与罪犯家里所在的当地政府取得联系，及时了解他家的情况。他家在云南较偏远的一个山区，因连续数天突降暴雨，引发了山洪地质灾害。虽然当地气象部门事先有预报，当地政府也发动老百姓事先作了一定的预案，但没想到山洪来得太快太猛，泥石流冲毁了房屋，牲畜受伤，庄稼受灾惨重，经济损失较为严重，值得庆幸的是，他家里人没有受伤。灾情发生后，当地省、市、县、乡几级政府及时采取果断举措实施救助，把损害和损失减少到最小程度，并迅速下拨专项救济款项和各类救灾物资，积极组织村里老百姓以最快的速度恢复生活和生产自救。所以请刘某和大家放心，相信党和政府，灾情一定能够得到快速有效的控制，刘某家里受灾一定能得到及时救济救助。

第三，对于捐款这件事，希望大家在踊跃表达心意的同时要从自身的现实情况出发。刘某家里受灾，确实值得大家同情，如果条件允许，也值得大家出手帮助。但是，大家要清楚，你们现在是在服刑，不仅不方便与外面联系，而且没有收入来源。如果同意让你们捐款，那也是大家向家里要钱。其实，帮助刘某的方法有很多，我认为现在大家能够做到而又对刘某最有用的就是生活上照顾、思想上开导、心理上安慰他，让他安心改造，争取早日回去和家人团聚，这才是同改之间真正的、最直接、最有效的爱心表达。至于他家里目前的困难，我前面已经跟大家通报了，要相信，一定能得到各级政府及时、妥善的救济救助。

大家以后如果再遇到同改家里受灾、子女上学困难、家里贫困等类似情况，有要求捐款以表爱心的想法，希望及时主动向警察汇报，在警察的正确引导下，采取理性、恰当的方式给予同改力所能及的照顾和帮助。

讲评完毕。

七、同改冲突讲评教育

讲评主题：同改冲突

讲评人：×××

今天下午，在监区生产车间，罪犯张某和李某发生冲突，虽没造成严重后果，但其性质严重，影响恶劣，危害性不容小觑。这是一起严重的违纪违规事件，破坏了正常的生产秩序和监管秩序。刚才张某和李某分别作了公开检讨，都认识到了自己的错误，非常后悔当初的冲动行为，并表达了下一步一定要积极主动改正的决心。

今天之所以发生这样的事情，主要是张某和李某在生产过程中因为上下工序质量问题互相推诿责任引起的，两人不承认是自己的工序质量有问题，为此，先是相互之间发生口角，后逐步发展为肢体冲突。经过查明，是张某先站起来推搡李某的，主要责任在张某。但李某没有及时报告值班警察，而是跟着推搡还手，也是有责任的。如果李某及时报告警察，本是一场完全可以避免演变成肢体冲突的事情。这其中的教训是深刻的。

这是一起严重的违纪违规事件，是监纪监规所不允许的，必须予以处罚。根据《湖南省监狱计分考核罪犯工作实施细则（试行）》第5章第42条第7款第1项“打架斗殴，情节较轻的”、第5款第3项“与他人有推搡行为，或有打人行为，情节轻微的”之规定，分别给予罪犯张某扣监管改造20分的处罚，给予罪犯李某扣监管改造5分的处罚。

自去年起，监狱相继开展了“两反两整治”专项行动、“五个安全”竞赛和“创建无违禁品监狱”等活动，广大罪犯行为规范、身份意识得到进一步强化，监管秩序得到根本性好转。然而，就是在这样声势浩大而又如火如荼的大环境、大背景下，依然发生了这样的顶风违规违纪问题，说明还是有个别罪犯思想根源上认识不到位，把监狱的规定和警察的教导当耳边风，不听劝告，恶习不改，明知故犯。有这样想法和言行的罪犯，必须立即猛醒回头。我希望全体罪犯引以为戒，为了防止这样的行为再次发生，我给大家提出三点要求：

一是在服刑改造中要进一步强化身份意识。要清楚监狱是什么地方，你是什么人，你来这里是干什么的。作为罪犯，只有主动向政府靠拢，自觉接受管教，踏实投身改造，才有出路；只有积极表现，认真改造，早日回归才指日可待。

二是在行为养成上要进一步提升敬畏意识。每一个罪犯都要自觉敬畏法律法规、监管监纪，处处以罪犯行为规范约束自己，时刻绷紧遵规守纪这根弦，严格遵守法纪。

三是在生产劳动中要进一步增强协作意识。同改之间，无论在学习、生活中，还是在劳动中，都要互相协作、互相帮助、互相鼓励、互相监督。同时，同改之间发生矛盾和冲突时，希望大家要第一时间向值班警察报告，让警察来处理，而不是自作主张地让矛盾和冲突升级。生产过程中上下工序是一个有机整体，要确保质量，必须要互相协作，密切配合。像今天罪犯张某与李某是上下工序质量的问题而引发的肢体冲突，如果互相提醒、相互协作、共同担当，这种冲突完全是可以避免的。希望大家深刻吸取其中的教训，聆听警察的教导，相信大家一定会做好。

讲评完毕。

八、关于情绪问题的讲评教育

讲评主题：情绪波动

讲评人：×××

今天打早餐的时候，罪犯王某和丁某因为排队吵了起来。这个事情警察已经处理过了，双方都已经认识到了自己的错误，并已经相互道歉。就这起争吵事件，我在这里作个讲评。

这个事情其实是一个很小的事情。经过了解，由于王某担心家里的情况，情绪比较激动，早上本来是让一让就能解决，也就是你先我后不到一分钟的事情，结果演变成了吵架。

想想为什么会变成这样子？其实我们都知道，早餐的稀饭馒头每天都比较充足，不存在吃不到的问题，说到底还是心态问题，其实就是因为王某没有控制好着急的情绪，一着急脱口而出不文明的一句话，点燃了丁某的脾气，这才闹得不可开交。

我想问问你们，情绪是不是真的这么难控制？

首先我要说一下，每个人都有情绪，这个很正常。情绪也有好的坏的，比如，高兴、愉悦，这都是好的情绪，我们在这里不多说。但是愤怒、暴躁这些不好的情绪，常常会让我们伤害人际关系，也会让我们自己觉得难受后悔，这点我相信很多人都有过这样的经历，只是事情大小、后果不一样而已。这种负面的情绪真的就完全无法控制吗？我看未必。

我们可以通过一些方法，让自己的情绪更加可控一些。

要知道，情绪是我们针对外部的刺激所产生的内心反应。遇到让人开心的事，我们会开心；遇到让人不开心的事，我们会不开心。这里有两个方面，一个是外界给我们什么刺激；另外一个是我们内心什么反应。在讨论这个话题的时候，我们会发现常常无法控制外界会给我们什么，比如，在场的各位，应该没有几个人在本意上喜欢蹲在这里听我说话。那既然我们很难控制外界的环境，那只能反过来寻找内心的解决方法，也就是用什么样的情绪来反馈外界的刺激，这应该是要容易一些。

范仲淹在《岳阳楼记》中写了一句话“不以物喜，不以己悲”，其实已经提供了一个思路，“不以物喜”就是不要因为外物的获得而欣喜若狂，那再引申一下，也不要因为外物的失去而悲痛或者愤怒。这个外物不一定是实实在在的什么东西，其实也包括面子这一类虚构出来的东西，刚刚丁某王某不就是觉得丢了面子吗？

可能有的人会说，你站在这里说得简单。我也承认，说起来肯定比做起来要容易，但是我觉得还是要说一下，起码给大家一个思考的方向，这至少是接下来要这样做的一个前提。

控制情绪，主要是控制负面情绪，其实就是在面对外界的负面刺激时怎样来应对的问题。我就简单讲几个思路。

一是要树立自我的独立人格。“不以物喜”，其实就是讲人要有自己的独立人格，不能因为有个什么外界的评价，你就觉得自己变了。就好比别人骂你是头猪，难道你就真的变成猪了？你还是你这个人，对不对？我们总是说独立的人格，什么是独立的人格？最起码你要有自己独立、冷静的思考吧？总不能别人说个什么话或者做个什么事，你就暴跳如雷，那么到底是你自己在暴跳如雷，还是你只是个别人要你笑你就笑，要你哭你就哭的小孩子？

独立的人格不是说你就要固执，别人说什么你都不听，那也不是这么一回事。至少你在这些明显看得出来不真实的话语上，你可以分辨出来，稍稍想一下就可以想明白，要不要真的当回事。

二是想想后果。大家都想一想，从后果来看，今天早上的这个事情到底值不值？吵完架还是都吃到饭了，那当时早一个晚一个，有区别吗？再说了，吵完架也是吃稀饭馒头，没看到吵完架了可以吃肉包子。唯一的区别就是两个人吃个早饭都被扣分了。划得来吗？

我们这是回头看，在碰到事情的当时，情绪来了，可能做起来又不容易了。那我说个简单的方法，发生冲突时，自己先闭嘴一分钟，不管别人做什么说什么，只要一分钟，再联系我前面说的，别太把别人说的恶毒的话当回事，起码可以让你不会在不经过脑子的情况下作出反应，这样可以避免很多可能发生的冲突。

三是正确看待“面子”。人都会有面子心理，总是怕一个事情发生了，别人会怎么看待我，甚至是看不起我。给大家讲一个“拉链理论”，我们可能有过裤子拉链没有拉上的经历，当发现的时候，我们都会觉得很尴尬，觉得如果别人看到了就太难为情了。不过有人做过一个实验，一个人裤子没有拉拉链，让这个人在街上走了一大圈，最后发现根本没有人会注意。因为你想想，谁会没事一天到晚往别人裤裆那里看？所以，你认为的尴尬，只是你自己认为的尴尬，别人才没时间去管你这些事情。面子有时候就是这样，有没有面子常常只是你自己在觉得，你觉得光辉的时刻，可能有人在心里骂你，你觉得不好意思的事，大多数人根本就不关心。

关于如何控制情绪的问题就讲到这里，希望我所讲的方法对大家有所帮助。

讲评完毕。

九、迎检布置讲评教育

讲评主题：迎检布置

讲评人：×××

下周，监狱将开展行为规范大检查。检查的范围包括罪犯队列、罪犯身份意识、监规制度的抽背、互监组制度的落实等内容，检查的重点是罪犯行为养成。

为了迎接这次监狱的检查，监区要求全体罪犯都要做到思想上再紧弦，状态上更投入，关键点上更着力，效果上更明显，从而圆满实现监狱此次检查的目的。

监区反复强调改造“方向正确”与“步调一致”，方向正确，努力才有意义；步调一致，规范方能有效。

当前服刑改造的“方向正确”就是强化自己的身份意识，规范自己的行为养成。而“步调一致”就是人人过关，确保行为养成“习惯成自然”。

而要达到上面所讲的迎检目的，全体罪犯务必要做到以下三点。

第一，要认真温习“38条”和互监组有关制度要求。要做到“烂熟于心，脱口而出”。我明确地告诉大家，熟背“38条”及相关监规监纪是你们强化身份意识必须过好的第一关，没有特殊的罪犯，也没有特殊的时间。有些罪犯刚开始背记的时候因为心理原因总是记不住，这本身就是身份意识不强的表现。要做到“烂熟于心，脱口而出”，方法也只有一条，就是天天背，反复背，形成机械记忆，形成条件反射。

第二，要反思自己行为养成存在的不足，有则改之，无则防患于未然。“38 条”也好，各项制度也罢，它不是贴在墙上的摆设，它只有“内化于心，外化于行”才有意义。

古人说，“以铜为镜，可以正衣冠”，“38 条”和各项监规纪律就是一面镜子，它应该成为你们心中的“警戒线”，多存敬畏，绝不超越。

第三，罪犯之间、互监组之间要互相提醒、互相监督，确保身份意识的共同提高。

人生是一次远足，一个人走得快，一群人才能走得远。可以这样说，服刑生活是你们人生的泥泞之旅，更需要你们之间互相帮助，在改造上互相提醒。

从这个意义上讲，每个罪犯不仅要管好自己，也有义务督促他人做好，把他人的好当成自己的好，把他人的错当成自己的过。这也是互监组制度的内在要求，希望大家想明白，知利害，做正确。

各位罪犯，这次监狱检查是对大家身份意识与行为养成的一次大检阅与大考查，希望大家高度重视。这里，我提几点具体要求。

第一是思想上高度重视这次检查，把自己的注意力高度聚焦于这次迎检的准备上，也就是身份意识和行为养成上。

我们要做好一件事，第一位就是要让思想与行动更加有机地融合起来，这样才能心往一处想，劲往一处使，让思想自觉变成行动自觉，一心一意做好迎检工作，而不是三心二意，更不能心猿意马。

第二是思想上要高度重视行为养成，要以“修行”的定力来祛除自己身上的“冷热病”，讲身份不讲借口，讲规范不要理由。

罪犯中有这样一句话：把挫折当存折，把服刑当修行。说实话，我也是认可甚至赞赏这种心态的。但修行就得有修行的样子，脱离身份意识的修行，那只是自欺欺人，终将一无所获。

第三是要注重细节，从“抠细节”中“抠”出成效，抠出进步。

有句话叫“细节成就高度”，还有句话叫“细节出魔鬼”。你不重视细节，总是以为差不多了，实际上就差得太多。常言道“勿以恶小而为之”，只有把行为规范的每个细节都做好了，你才真正称得上有“身份意识”。

最后，期待大家从我做起，互相监督；从细做起，互相成就，让监狱检查收获实效。

讲评完毕。

第二章　个别谈话教育

个别谈话教育是监狱警察使用最普遍的个别教育形式，通过警察与罪犯面对面的谈话交流，了解罪犯思想动态，沟通警察与罪犯的思想，传达警察对罪犯改造的要求，达到解决罪犯思想症结，引导罪犯依法积极改造的目的。

个别谈话教育作为一项有目的、有计划的教育活动，它不等同于一般性的了解情况、布置工作。个别谈话教育是做一人一事的教育工作，警察在对罪犯个别谈话前要做好充分的准备，不能无的放矢、信口开河。要根据罪犯的不同个体特点和具体谈话的主题内容，选准合适的谈话时机，运用不同的方法，不断提高谈话教育的效果。

第一节　个别谈话教育的主要内容及谈话技巧

“十必谈”是监狱警察必须实施个别教育的十种情形，既是当前个别教育的原则要求，也是进行个别教育的重点范畴和主要内容。“十必谈”的具体情形如下。

一、新入监或者服刑监狱、监区变更时

罪犯新入监或调整监狱、监区的直接后果是改造的环境变了，特别是新入监的罪犯——一个自由人突然来到一个荷枪实弹、重门高墙、铁网铁窗、互不相识，以及一言一行都受到严厉约束的陌生环境之中，往往出现个人不同程度的适应障碍。不少罪犯难以接受现实，出现大吵大闹、要死要活、行为偏激等问题，这是服刑生涯的第一个危险期。而且往往是过去社会地位较高的职务犯，因为落差较大，适应障碍更为突出。因此，监狱警察的个别教育就成为罪犯改造生活顺利与否的关键一课。

这时个别谈话的主要内容如下：一是了解新环境；二是帮助转变身份意识；三是调整心态；四是熟悉监狱改造生活常识和规则；五是结识新伙伴。（举例：原某市委书记入监，落差巨大，刚开始出现了严重的适应障碍，多次个别教育之后才有所改观）

二、处遇变更或者劳动岗位调换

罪犯在改造过程中处遇变更和劳动岗位调换，意味着其改造待遇和劳动、生活习惯的重大改变，如果待遇得到改善还比较好说，一旦待遇比先前的更差（如下队），往往造成思想问题和情绪问题。因此，这个时候很有必要进行个别教育。

这时个别教育的主要内容如下：一是服从安排；二是做好接受新处遇和新岗位的准备工作；三是遵守新要求、确立改造新目标。（举例：非劳动岗位的增减、裁撤，往往直接涉及罪犯的改造待遇）

三、受到奖励或者惩处时

部分罪犯在改造过程中会受到奖励或受到处罚，对于罪犯来说，奖励或处罚都是改造生活中的一件大事，甚至是改造过程中的一道坎。如果引导及时，往往能锦上添花，更上一层楼，如果引导不及时，往往好事变坏事，引发更严重后果。所以，每当罪犯受到奖励或处罚时，都得进行个别教育。

这时个别教育的主要内容如下：一是获得奖励时，要珍惜荣誉和机会，提出更高改造目标和要求，并尽可能带动其他同改共同进步，以此发挥模范带头作用；二是受到处罚时，要端正态度，认真查找原因，吸取教训，克服沮丧、气馁情绪，防止破罐子破摔，鼓励其坦然面对挫折，争取从头再来。（举例：罪犯李某，原本最后减刑后就可获得自由，却因私藏手机取消减刑资格，受到禁闭处罚，等于加刑 2 年，由于教育没跟上，从此破罐子破摔，成为全狱闻名的“烂泥巴”）

四、罪犯之间产生矛盾或者发生冲突时

罪犯来自四面八方，而且三教九流什么人都有，因此，

在改造过程中难免产生矛盾或发生冲突。如果发现及时、制止得力，往往能使大事化小、小事化无；如果处置不力往往会激化矛盾，甚至酿成更大的事故。因此，罪犯之间产生矛盾或发生冲突时，必须立即进行个别谈话教育。

这时个别教育的主要内容如下：一是严肃纪律，强化监规纪律；二是引导反省，从自身查找原因；三是稳定情绪，防止矛盾激化；四是培养集体意识，学习他人的长处。（举例：罪犯张某与同改关系一贯紧张，最后成为典型的牢头狱霸，与人发生纠纷时大打出手，犯故意伤害罪被加刑 1 年半，教训惨痛）

五、离监探亲前后或者家庭出现变故时

对于刑期较长的罪犯来说，他们对亲情的期盼更为强烈，许多罪犯由于长期在监服刑，导致其家庭出现重大变故。如父母离异、长辈去世、子女结婚、妻子离婚等重要时刻，无法回到家人身边尽到自己的责任，成为诸多罪犯心中永远的痛，此时极易情绪失控、心灰意冷，甚至自暴自弃。而一旦获得离监探亲的机会，对罪犯来说无异于天赐良机，往往非常激动。上述一悲一喜都容易造成情绪、心理、行为的失控，因此，这时进行个别教育，打打预防针十分必要。

这时个别教育的主要内容如下：如果是获准离监探亲，一是教育罪犯按照规定时间和要求行事，不能脱逃或逾期不归；二是探亲期间严格约束自己的行为，防止与外界发生任

何事端；三是珍惜与家人团聚的机会，融洽亲人感情，注入改造正能量；四是要以更佳改造实绩回报政府的关怀和家人的期盼，更加积极主动地投入今后的改造。

如果家庭出现重大变故，则在谈话教育时，一是要适当安慰，给予罪犯心理支持和必要温暖；二是要指导罪犯控制好自身情绪，不要做傻事，防止行为偏激；三要顺其自然，尽量避免过于自责，主动接受不幸现实；四是提供有关法律援助，保护罪犯的合法权益；五是做好本职改造，不给家里添乱；六是尽可能解决其改造生活中的实际问题和困难；七是帮助其较快实现情绪转移，把思想和精力转移到改造实务中去；八是帮助培养承受苦难、迎接挫折的强大心理，为将来遇到更大的挑战奠定心理基础。（举例：离婚导致夫妻反目成仇者多，严重影响了罪犯的日常改造，也有妥善处理离婚事宜的例子，这种情况对双方都是一种解脱，体现了罪犯尽管身陷囹圄，仍不失担当的气度）

六、无人会见或者家人长时间不与其联络时

亲情是罪犯改造时的强大感情慰藉和心理支持，有了亲人的关心和支持，罪犯在战胜艰难生活时就拥有强大后盾，而且家属在提供亲情帮教、注入改造动力、进行监督鞭策等方面都能发挥独特作用。如果有家人定期来监探亲，则意味着罪犯所在家庭较完整，感情较好。如果长期无人会见或失去联系，往往意味着罪犯的家庭已出现某种不幸的变故或缺

陷，要么是罪犯与家人感情上出现问题，要么是家中出现家庭关系破裂、亲人反目等情况。失去亲情往往会造成罪犯心灵上的巨大伤害，容易造成罪犯失去自尊，觉得孤独，遭到抛弃，产生自卑、沮丧的情绪，甚至做出自伤自残的过激行为。这时管教警察及时介入，往往能指点迷津，帮助其尽快走出阴影。

这时个别教育的主要内容如下：一是传递温暖，让对方感到仍然有人在关心他；二是了解事情真相，掌握无人会见或长时间失联的原因；三是培养理解家人、体谅家人的情怀；四是帮助分析罪犯自身的原因，主动进行改变，争取家人的理解、支持，重新获得家庭的温暖；五是必要时民警尝试与其家人取得联系，形成共同帮教的合力。（举例：罪犯黄某，由于父母离异并各自组建家庭，黄某入狱后3年多父母都没有来探视过一次，成为长监的一大记录，导致黄某严重自卑和自暴自弃，后监狱想方设法多次派人赶赴深圳做工作，终于在监狱一次年终春节文艺活动上将其父母请到现场，这才久别重逢，感动了在场所有的观众）

七、罪犯行为反常、情绪异常时

罪犯行为反常、情绪异常时，往往受到了某种应激事件的刺激，如果不能及时发现事情原委，查明和排除行为反常和情绪异常的诱因，就容易出现行为偏激或滋生事端。因此，一旦发现这种情况，就应尽快实施个别教育。

这时个别教育的主要内容如下：一是倾听罪犯内心想法，引导其合理发泄情绪；二是找准产生行为反常和情绪异常的真实原因；三是帮助分析、判断和因势利导，改变其不当认识；四是传递关心，提供心理支持；五是做好必要预防措施。（举例：2014 年中央政法委 5 号文件出台，对职务犯的减刑、假释、保外就医政策进行重大调整，导致职务犯群体普遍出现抵触、愤懑、沮丧、焦虑等情绪异常和行为反常现象）

八、主动要求谈话时

罪犯主动要求谈话时，可能是内心觉得憋屈，受到某种自认为不公平的待遇，或者是发现什么重要隐情需要报告警察及时处理，或者是与同改关系紧张可能产生重大矛盾无法调解，或者是自己有个人想法和改造要求，希望求得警察的认可、帮助、照顾等。总之，罪犯没什么大事，一般不会主动要求警察谈话，一旦主动要求，往往意味着他有什么“大事”，自己又无力解决，这才会主动找上门来。

这时个别谈话的主要内容如下：一是耐心、细致听取罪犯倾诉；二是了解事情来龙去脉；三是找出问题症结所在；四是提出恰当的处理意见和建议；五是鼓励罪犯积极靠拢政府、信任管教警察；六是借此机会了解和掌握更多有价值的改造信息。

九、暂予监外执行、假释或者刑满释放出监前

罪犯获得暂予监外执行、假释或者刑满释放出监，可以说是罪犯改造生活的重大转折和一大幸事，往往情绪激动，难以入眠。同时，由于长期与外界隔绝，不少罪犯既有对自由生活的迫切向往，又有对将来安家、就业、生存等诸多实际问题和困难的担心和忧虑，并因此出现种种复杂，甚至自相矛盾的心理，也可以说是走到了人生旅程的一个关键节点，亟须有人指点。

这时个别教育的主要内容如下：一是真诚表达祝贺和鼓励；二是收集其对监狱管教的意见和建议；三是帮助其回顾总结服刑的得失和人生感悟；四是做好可能受到社会歧视、误解、冷漠，以及接受外界种种困难、挫折和挑战的思想准备；五是提醒其主动配合当地社区矫正办的管理；六是坚决预防重新犯罪；七是帮助其设计未来的生活，提供参考意见和建议。

十、其他需要进行个别谈话教育的情况

随着罪犯教育改造环境的日益复杂多样，需要对其进行个别教育的实际情形远远不止上述几种情况，如罪犯个人生重病时、与其他警察发生抵触情绪时、发生工伤事故意外情况时等。这就需要监狱警察根据具体情况区别对待，灵活机动地安排，使传统的“十必谈”也能与时俱进，发挥更好的教育效果。

第二节 罪犯新入监个别谈话教育示范案例

一、个别谈话案例背景

罪犯新入监或者调整监狱、监区，直接结果就是改造的环境发生了改变，特别是新入监的罪犯，从自由之身来到高墙电网、封闭压抑的陌生新环境内，一言一行都受到约束，会产生短时的应激性适应障碍，若未得到正确疏导，在个人无法自行调节的情况下，对改造生活极易造成深远的影响。

本案例中的龚某，是麓峰监区新入监的一名职务罪犯，因病情、刑期以及身份认知问题，导致悲观失望的情绪蔓延，警察开展入监谈话的目的是帮助该犯树立正确改造观念，更好地融入改造生活。

二、谈话罪犯基本情况

罪犯龚某，65 岁，湖南永州人，因受贿、巨额财产来源不明罪被判处无期徒刑，捕前系湖南某地级市扶贫办主任（正处级），患有高血压、心脏病、糖尿病和眼疾，2022 年 8 月来到长沙监狱服刑，9 月初分配至麓峰监区。该犯因上述情况，自认刑期比命长，心理包袱极重，精神压力巨大，对改造前途十分彷徨与迷茫。

三、谈话前初步分析及谈话技巧

（一）初步分析

新入监职务罪犯因个案不同，呈现多种情形迥异的服刑心态，又因巨大的落差（环境难适应、心态不平衡、规则上约束），往往无法通过自身调整找到正确改造思路，故首次谈话，也就是入监首课显得尤为重要。职务罪犯相较于普通刑事罪犯，虽因年龄、身体情况和文化素质水平的差异，在个别教育、谈心谈话的切入点上有所不同，但仍可围绕四个方面展开，即应找准症结所在，拿捏关键节点，灌输正确思想，科学理性引导。

（二）谈话技巧

1. 该犯目前的身心状态均处于消极状态，不排除在谈话中会流露悲观甚至厌世情绪而导致谈话中止或者无法继续进行，警察对于上述情形要有一定心理准备，保持足够耐心和倾听的同时可以给予适当的人文关怀。

2. 在获得与罪犯基本的沟通信任后，再逐步深入。事先掌握和了解罪犯的基本情况后，可以通过介绍新环境，使之熟悉监狱改造生活常识和规则，也可通过让罪犯结识新伙伴，帮助其转变身份意识，最后再挖掘罪犯内心深处的良知，借助罪犯先前经历对罪犯进行再教育。

3. 教育的同时要针对职务罪犯的特点进行相关准备。一是罪犯在申控检方面应享有的权利；二是减刑、假释的相关政策；三是职务罪犯的处遇问题。应做到法理结合，情理并重。

（三）谈话记录

龚某：报告，罪犯龚某到。

警察：龚某，你的报告词不标准，标准报告词应该是“报告警察，罪犯龚某到，请指示”。

龚某：那我重打一次，报告，罪犯龚某到，请指示。

（打完报告后未得到警察回应，龚某径直走进了办公室）

警察：龚某，你的行为养成还需加强。在你入监培训时就已学习过了报告词，要规范用语。

（提醒罪犯身份意识，强化行为养成）

龚某：警官，我有高血压、心脏病、糖尿病，眼睛也看不见，所以不记得了。

（龚某说完以后，警察示意龚某可以搬小凳子坐下）

警察：今天找你谈话，是就你分配至我监区进行的一次例行教育谈话，你先介绍一下自己的基本情况，姓名、年龄和刑期以及家庭情况。

龚某：我叫龚某，现年 65 岁，因受贿、巨额财产来源不明罪被判处无期徒刑，家里还有，家里还有……

（话音未落，龚某就小声啜泣起来……）

警察：龚某，龚某。

（警察上前拍了拍龚某，递过去一张纸巾——给予罪犯必要的人文关怀，帮助释放情绪）

龚某：谢谢！（说完擦拭了双眼，继续说）警官，我出不去了，我不想死在这里，我上面还有 90 岁的父亲，我没有办法给他送终……

（说完号啕大哭起来）

警察：龚某，百善孝为先，抛开现在的身份，我们也都是为人子女，能够理解你的心情，如果你愿意，有几句话我想说给你听。

龚某：警官请讲。

警察：“子欲养而亲不待”，这是每个人都不愿意面对的，但现在还未成定局，也不是事实，只是你的单方面担忧，你的父亲身体怎么样？

（采取侧面引导方式，带领罪犯走出思维死胡同）

龚某：我是无期徒刑，身体这么差，肯定出不去了。

警察：无期徒刑符合减刑条件可以减为有期徒刑，有期徒刑符合减刑条件可以继续减刑。身体有情况，监狱有医院，可以看病就诊，罪犯同样享有医疗和生命健康权。为了你父亲，你更应该把自己的身体弄好，否则一切都是空谈。

（适时嵌入改造目标，宣讲政策和处遇）

（龚某停止了啜泣，望向警察）

警察：下周一是我监区的集中就诊日，我会带你去做一个常规体检，眼睛的问题也一起让医生看一看。

龚某：谢谢警官。我的腰一直有毛病，碰到天不好就酸痛不已，我想申请睡下铺。

警察：这个情况也一并就诊时提出，监区对于上下铺是有着明确规定的，按照年龄排序，残疾拄拐等特殊情况会予以特殊考虑。

龚某：我也算特殊情况，还请警官关照一下。

警察：上下铺位是固定的，倘若人人都求关照，那便无法正常管理，你也曾经在体制内工作，这一点你应该理解。

（换位思考式谈话，引起罪犯共鸣）

龚某：我明白，我那时候也是很公正的，大家都认可我的为人和做事。哎，我是背时，落了这么个下场，我实在是冤枉的。警官，我真的不是腐败分子。

警察：是不是腐败分子判决书里有事实依据，你现在作为罪犯在监狱服刑，国有国法，监有监规，这一点你要明确。

（坚持自我观点，不受罪犯影响）

龚某：我知道，我现在是阶下囚，是臭老九。

警察：不过你也不要过度否定自己，你曾经的同事，比如，×××，他也在这里，而且表现不错，去年减了4个月的刑，警察对他的改造表现都认可。

龚某：哦，他也在这里，那我不知道。他原来还是我的领导呢！

警察：在这里你们没有上下级之说了，但考虑到你们的情况，我会把你和他编入同一个互监组，“六同”“四固定”清楚吗？生活上可以互相照顾。

（举例说明，引导罪犯向上）

龚某：那太好了，谢谢警官。我还想咨询申诉的事情。

警察：正常申控检都是罪犯的权利，这是《监狱法》明文规定的，监狱申诉有专门的信箱和渠道，但事先你需要书写申诉材料，再进行投递。

龚某：好，那我清楚了，谢谢警官！警官，申诉了会不会影响我减刑啊？

警察：减刑的首要条件是认罪悔罪，但认罪悔罪和申诉不能简单地混为一谈，这是需要具体问题具体分析的。

龚某：是的，警官说得好，是得具体问题具体分析。

警察：你的生卫物资都分配到位了吗？

龚某：警官，我觉得我的垫被太薄了一点，可以再给我发一床吗？

警察：监狱有囚被服管理规定，每名罪犯都是限定一床，有些困难你还是要自己克服，这毕竟不是开展扶贫工作，既要苦其心志，也要劳其筋骨。

龚某：警官说得对，我原来搞扶贫工作也下乡，什么苦都吃过，这个问题我自己克服，谢谢警官。

警察：中国有个成语叫“入乡随俗”，要记住你现在的身份，只有适应这个身份你才能够真正在监狱开始你的改造生涯，在监狱里保持一个健康的身体，不仅是为你自己，也是为了你身后的家人。把刑期当学期，良好的心态更是支撑你漫长刑期的关键，没有好的心态一切无从谈起，所以希望你要积极振作，有任何身体和心理上的困难都可以随时向警官反映，清楚了吗？

龚某：好！谢谢警察，以后还有很多麻烦你们的地方！

（继续释疑解惑，给予人文关怀）

（四）个别谈话小结

通过这一次的入监谈话，警察在看病就诊、铺位安排、申控检、减刑假释四个方面对罪犯进行回复，给予了罪犯人文关怀，加强了监规纪律的印象，同时通过互监组编排、罪犯自身经历，缓解了罪犯入监以来难适应、难调整的问题，使之能更好更快地融入监狱改造生活中，整场谈话效果较好，达到了预期的效果。

第三节　罪犯身患重病个别谈话教育示范案例

一、个别谈话案例背景

罪犯在一段时期内经历了病情困扰，会对改造不知所措，对未来的希望充满迷惘，对自身的病情较悲观，更会利用一些过激行为来博取他人的关心或者关注。

本案例中的刘某刚，是原五监区调入医院的一名罪犯，因其病情为脑血管瘤压迫神经，经常会癫痫发作；在服刑期间有加刑，以及长期大小违规对身份认知出现问题，导致经常出现悲观失望的情绪，经常通过违规来提醒或者博取他人对他的同情和关注，警察对其个别谈话目的是帮助该犯树立正确改造观念，改变悲观情绪，换种方式更好地融入改造环境和改造生活。

二、谈话罪犯基本情况

罪犯刘某刚，45 岁，湖南靖州苗族侗族自治县人，因故意伤害罪、贩卖毒品罪、非法持有枪支罪被判处有期徒刑 14 年，捕前系患有脑血管畸形、癫痫等病，在邵阳监狱待了两年，因为是反改造尖子调整到长沙监狱服刑，2015 年 5 月 16 日因病被暂予监外执行，2017 年 1 月 3 日被收监。2021 年 9 月从五监区调至长沙监狱医院，因故意伤害罪于 2021 年 12 月 13 日加刑 8 个月，刑期至 2028 年 1 月 31 日。该犯因改造原因从邵阳监狱调到长沙监狱，因身体病情曾经保外，又因保外期间违规，被撤销保外收监，多年下来，发病时也怀有恐惧感，所以，心理包袱极重，精神压力巨大，经常讲发病时很恐怖，在加刑和重大违规后对改造前途十分彷徨与迷茫。在之前与刘犯的接触中了解到刘犯是家中“满崽”，从小到大一直被母亲和两个姐姐溺爱，在社会上犯错后也有人在帮他，但是该犯一直对母亲很好，在服刑期间也一直为母亲重病孤单时无法在身边尽孝而苦恼。

三、谈话前初步分析及谈话技巧

（一）初步分析

曾经的反改造尖子罪犯因个案不同，呈现多种情形迥异的服刑心态，又因病情的加重往往无法通过自身调整找到正确改造思路，故个别谈话就是改变和引导其思想的关键。反改造尖子罪犯在个别教育、谈心谈话的切入点上有所不同，但仍可从四个方面展开谈话，即应找准问题点、紧扣关键点、纠正行为点、引导思想点。

（二）谈话技巧

1. 该犯目前的身心状态均处于消极状态，不排除在谈话中会流露悲观甚至厌世情绪，谈话警察对于上述情形要有一定心理准备，保持足够耐心去聆听，同时可以给予适当的关心关怀和外界的亲情帮教。

2. 在获得罪犯的沟通信任后，再逐步深入，在事先掌握的罪犯基本情况和了解到的罪犯抵触情绪原因后，可以通过前后对比改造环境和他犯对其的态度改变，帮助罪犯转变身份意识，最后再挖掘罪犯内心深处的良知，借助罪犯先前经历对罪犯进行再教育。

3. 教育同时要针对罪犯的几个关心点进行充分准备：一是罪犯在重大违规后还能享受的正常的权利；二是以后减刑、假释、暂予监外执行的相关政策；三是以后怎样与家人亲情互动；四是如何做才能最快地回归社会。应做到动之以情，晓之以理。

（三）谈话记录

刘某刚： 报告警官，罪犯刘某刚到，请指示。

警察： 好，进来。报告词打得还是蛮标准的啊，你身体有病，就坐在前面凳子上。

（罪犯刘某进来后，经允许后坐在警察前的凳子上）

刘某刚： 谢谢警官！

警察： 刘某刚，你上次违规后禁闭处理，是 6 月 2 日回来的吧？

（罪犯刘某刚点头）

警察： 在这回来的三个月里，我和其他警官也多次找你谈话，大家都说你的变化很大，近三个月除了一次因未按作息时间休息外，都没有其他违规，更没有跟以前一样与其他同改发生口角和矛盾，也没有故意刁难管理的警察医生，这是值得表扬的。

刘某刚： 警官，谢谢，近期一直在养身体，再说，您多次跟我谈话，说要改变自己，我不跟别人吵闹也是在逐步改变的过程啊。

警察：是的，所以我说你最近的表现是值得我们表扬的。

（适当给予罪犯必要的肯定、鼓励和表扬，也是帮助罪犯端正改造态度的方式、方法）

警察：今天找你谈话，一是对你近期表现的肯定；二是今天我在巡查中看到你坐在床上发呆，问你怎么了，你脸色不太自然，是不是有什么困难？如果有的话，可以跟我聊聊，我看看能不能帮上你啊。

刘某刚：其实没什么啦，我没事，警官，你放心……

警察：我在交接班时特意问了住院部的值班医生，也侧面问了楼层值班的罪犯，说你前段时间发病的次数变多了，而且晚饭后你经常坐床上发呆，同改问你，你也不回答。是不是想家了？想妈妈了？担心妈妈的眼睛？

（话音刚落，刘某刚就脸色不太自然）

刘某刚：胡院，最近一个月由于我个人原因，一直没敢跟家里联系，不知道妈妈的病情怎么样了，也不知道姐姐她们去没去看妈妈，我担心……但又不敢打电话……

（讲话中，逐步带着哽咽）

（警察上前拍了拍刘某刚，给予了理解和支持）

警察：刘某刚，我能理解你，这一年多跟你的接触和交流中，我知道你是性情中人，在家是个孝子，一直担心母亲的身体病情。我进来执勤之前，特意跟你二姐通了电话，详细问了你妈妈的身体状况，你两个姐姐都会定时去妈妈家照顾她，陪她聊天等，你二姐也特意要我告诉你，不要担心家里，家里有两个姐姐，你放心就是了，你安心改造就行，早点回家，妈妈一直念叨你，等你回家。

（刘某刚用手擦干眼泪）

刘某刚：胡院，谢谢您，您上次答应我会经常打电话给我姐姐，我以为您只是安慰我，没想到您真的放在心上了，谢谢您！我……我……我，我想打个电话回去，一个给我姐姐，一个听听我妈妈的声音，可以吗？

警察：可以啊，你最近的表现都很值得表扬，而且最近因你自己的原因不敢打电话回家，你家里也会担心你啊，你可以打电话回家。

（给予罪犯必要的人文关怀和鼓励，帮助其释放情绪，能更好地获得对方的信任感）

刘某刚：谢谢。

（说完擦拭了双眼。拨通了亲情电话，在与姐姐的通话中　直在叮嘱姐姐要多去看看妈妈，在与妈妈的通话中很少讲话，讲话也是讲自己很好，很快就回来了，要妈妈保重身体，等他回来，其他时间都是在听妈妈的唠叨。在两个亲情电话时间到了后，挂断电话，擦干眼泪，坐回凳子上）

刘某刚：胡院，我怕我出不去，我这个病一发起来，整个人就失去了意识，完全不知道我做了什么，每次清醒过来后我都是感到后怕，而且上次我搞了那次事情被关禁闭，也是因为之前看到对面病房的崔某某中风，完全不能自理，我也怕有一天我的病情严重到那个程度，我怕，我不敢去想，所以，我只想逃避，更加不敢想外面还有我的妈妈在等着我，她的眼睛有白内障、青光眼，我怕她看不到我，或者看到我不能自理的样子，上次违规那件事，我也只是在逃避，没想过给监区添麻烦的，真的……

（带着泪局促地说着）

警察：刘某刚，百善孝为先，原先我也是了解到你对你母亲的孝心，我才对你多关注，也是经常性地跟你家里联系，每次都跟你姐讲你在这里表现较好，不想让你家人对你担心啊。我们也都是为人子女，为人父母，真的是能够理解你的心情，如果你听得进，倒是有几句话我想跟你聊聊。

刘某刚：好，我听得进，您请讲。

警察：大道理就不讲了，我们就讲实际的，你还有余刑4年5个月，你的身体也就这样，你母亲80多岁了，又是青光眼、白内障，因为糖尿病和年纪原因不能去动手术，你认为你出去时，你母亲的眼睛或者说身体还撑得住吗？“子欲养而亲不待”，是每个人都不愿意面对的结局，你不争取早日减刑回归社会，你觉得她老人家还有多少日子去等你？你想尽孝的心什么时候才能满足？又或者你希望你母亲只能用手来感觉你的容貌？你都有想过吗？

刘某刚：我……我……我，我就是怕去想，怕去面对，我不敢想啊，现在知道家人一直在外面等着我，监区警官对我也这么关心，我会认真面对，我会自己好好想清楚的。

（可采取侧面引导方式，也同时带着敲打，这样才能带

领罪犯走出他固有的思维死胡同，转换思想，重新找出一条路来）

刘某刚：我是还有 4 年多余刑，之前还违规多次，到现在还欠政府的分，还是个负数，身体这么差，不知道哪一天血管爆了，我还能不能正常出去啊。

警察：我就要跟你聊聊你的改造计划了，你之前有过多次违规，而且 6 月那次自伤自残属于重大违规，是会影响你后期减刑的，你看你投牢以来，这么长的时间，你没成功减刑过一次，每次都是因为你的违规而影响你的减刑，严重影响你回归社会的日期，更加影响你回家尽孝的机会，对吗？（刘某刚点头，低下头不作声）身体有病，监狱有医院可以看病就诊，更有政策让罪犯同样享有医疗和生命健康权，监狱都是采取积极治疗的态度来对你们啊。我每次开会讲评时，对你们讲，我衷心地希望你们相对健康，尽快回归家庭，也就是这个意思啊，该看病的看病，你们该休养的休养，把病情控制住甚至好转，改变恶习，安心改造，抓住机会尽快减刑，早日回归啊。为了你自己和你母亲，你都应该把自己身体养好。而这一切都需要你自己改变之前的观念，自己重新规划余下来的生活和改造。

（适时提出新的改造目标，并宣讲政策、处遇，让其能看到未来、希望，这样才能激起罪犯的信心）

（刘某刚抬起头望向警察）

刘某刚：之前，监狱长进来找过我，问我的情况，也问了我的病情，我当时向他提出过想去动脑部手术的事，监狱长也同意我去动手术，您看，行吗？

警察：这件事，我们在之前的谈话中讨论过，我咨询过我们医院的医生，也咨询过省人民医院的教授，他们都说脑部血管手术风险大，严重的有可能下不了手术台。你还有母亲在外面等着你，你没必要去冒这个风险，你母亲还等着你回家啊，而且你的病情也没严重到必须去动手术啊，我个人建议，你可以等等，再说，你现在这身体是否背负得起呢。

刘某刚：谢谢警官您对我的关心。您之前多次劝过我，我也是对这个病有很大的恐惧感，我想治好它，好好地回家照顾我妈妈啊，我也知道风险很大，我就想搏一搏啊！

警察：我还会继续帮你打听医生、教授的建议，但是，我首先要给你提个要求，你要改变你以前的一些生活习惯，调整好你的身体，你现在这么瘦，就算要动手术也需要一个相对健康一点的身体才行啊，你说，对吧。

刘某刚：好的，我知道政府很关心我，还给我配了两个陪护，照顾我的起居，我会慢慢地改变我的生活习惯，调整好我的身体，在改造上，也不给领导们添麻烦，给同改们带坏样。

警察：你有这个想法是好的，调整习惯，也是改变自身的一个过程，更是改造好自己的一个开始，呵呵，添麻烦，这个，更多的是给你自己增添回家的难度啊。其实，我们的目标是一样的，改变自己，早日将你们良好地送回家，这都是我们身为监狱警察的最初想法和工作目标啊。

（关心式谈话，引出罪犯的信任感，才会让罪犯知道自己是在被关注、被关心）

刘某刚：我知道，我知道啦！

警察：最后，一切都还是要看行动，我也对你提出了要求，你也看到了你近三个月和之前的时候，同改对你态度的改变，希望你在保持最近的改造行为外，更要调整好身体，也为将来可以动手术时有个身体基础啊。

刘某刚：好！谢谢警官，以后还有很多麻烦你们的地方！我一定在行动上进行改变。

（四）个别谈话小结

通过这一次的个别谈话，警察在对比前后改造表现和减刑政策、家人对其的关心、警察对其的态度、罪犯病情四个方面对罪犯进行回复，给予了罪犯人文关怀，加深了其对监规纪律的认识，缓解了罪犯心理压力和不敢面对的病情及家人的情况，使之能更好更快地融入新的监狱改造生活，整场谈话达到了预期的效果。

第四节　罪犯情绪异常个别谈话教育示范案例

一、个别谈话案例背景

罪犯周某，男，28 岁，因盗窃罪被判刑 7 年，余刑 5 年，2020 年 7 月调入长沙监狱某监区服刑，近期因抗拒改造、不服管教被严管 3 个月（5 月 10 日 ~8 月 9 日）。周某被严管的原因：入监前该犯因染上赌博恶习，多次赌博累计赌掉 10 余万元，其家负债累累，从而走上了盗窃的道路，形成了因赌博而盗窃，盗窃为赌博的恶性循环。其妻不堪家庭重负，以为了小孩的健康成长为理由，向法院提起离婚诉状，于 2022 年 9 月 20 日开庭。上述因素导致该犯心理压抑，情绪波动大，认为自己没有希望，破罐子破摔对抗改造，不服管教，从而被严管 3 个月。

二、谈话罪犯基本情况

罪犯周某，性格较为内向，家庭观念较重，经常思念家人，喜欢跟别人聊家里的事，讲自己老婆如何对自己好，小孩如何听话乖巧；时常因赌博恶习而对自己的犯罪感到自卑，不太喜欢跟监狱警察接触，对改造比较抗拒。

家庭成员方面，独生子，父母双亡，犯罪前跟妻子关系好，但是进监狱后，觉得无脸面对妻儿，怕自己影响小孩的成长，目前家里有两个小孩，一个9岁，一个2岁多。

三、谈话前初步分析及谈话技巧

（一）初步分析

该犯在开庭前，顾虑很多，该犯很爱妻子，不愿离婚，担心法院直接判决离婚而没有向其妻忏悔解释的机会，又顾虑两个孩子的抚养问题；如果法院判决离婚，该犯愿意承担所有债务，出狱后再偿还所有债务，以免影响妻子和小孩的生活质量。9月20日，周犯与其妻的离婚案件在监狱开庭，周犯在反复思考后同意离婚。管教警察注意观察了开庭的情况，发现其妻对周犯仍有感情，其妻表示离婚不离家，愿意帮周犯抚养判给他的一个孩子，承担其在监狱服刑的生活费用，债务问题她会咨询律师处理好的，不需要他担心。庭审中周犯妻子始终泪流不止，言语中流露出仍有和周犯复合的可能。

（二）谈话技巧

1. 要适当安慰，给予对方心理支持和必要的温暖；

2. 要指导罪犯控制好自身情绪，不要做傻事，防止行为偏激；

3. 让罪犯顺其自然，尽量避免过于自责，主动接受不如意的现实；

4. 向他提供有关法律援助事宜，保护罪犯的合法权益；

5. 让他做好自身改造，不给家里添乱；

6. 尽可能解决其改造生活中的实际问题和困难；

7. 帮助其较快实现情绪转移，把思想和精力转移到改造实务中去；

8. 帮助该犯培养能够承受苦难、迎接挫折的强大心理，为将来遇到更大的挑战，奠定心理基础。

鉴于这种情况，管教警察采取正面引导方式，从家庭、亲情方面细致地指出该犯自身存在的问题，诱其自责、导以感化、促其恢复良知、使其清醒悔罪悔改、改恶从善、重新做人，树立信心，促使其安心改造。

针对罪犯周某以上状况，管教警察及时找该犯谈心，帮助该犯分析，指出其只有踏实改造，戒掉恶习，洗心革面，取得优异的改造成绩，才是其真正的出路。

（三）谈话记录

第一次谈话：

（打报告词进入办公室）

警察：今天找你谈下心，希望能帮助你好好改造。去拿个小凳子坐吧，蹲着累。

周某：谢谢警官，我去拿凳子，您等下。

警察：今天是你与妻子离婚案子开庭的日子，发现你们的感情基础其实很好。

周某：是的，我现在还很爱我的妻子，我也不想跟她离婚。没有办法，我在坐牢，她不仅要为我操心，一个人还要带两个小孩，为了还债还要打工，家里欠债多，她压力太大了，她提出离婚的时候开始我真不理解，很伤心，现在我理解了，很后悔，她为了我太不容易了。（流泪）

（给予人文关怀，引发共情）

警察：你妻子确实不容易，她也有她的苦衷和无奈。人生总有很多不如意的时候，很多问题你要从自身查找原因。

周某：我知道了，我也想从自己身上找原因，应该还是自己赌博惹得家里妻离子散了。刚结婚的时候我创业失败，希望能够尽快翻本，结果误入歧途，染上了赌博的恶习，踏上了这条不归路。

警察：赌博是个害人的东西，十赌九输你知道吗？设赌的庄家没有不赢的。

周某：那是的，我没有见过哪个庄家输钱的。

警察：在赌桌上，在牌机里他们都做了手脚，开始肯定会让你赢一点，让你尝到甜头，引诱你继续赌。

周某：确实是这样，只想一赢再赢。

警察：等你进了他的圈套以后，那你就不是你了，你就只有输钱的份了。

周某：一旦输了钱，又总是想扳回来。

警察：他们就是掌握了你们赌徒的心理，让你们一输再输。

周某：警官您说得太对了，我就是被赌博害惨了，我以后剁了手指不赌博了。

警察：我希望你能够说到做到。

（耐心引导，让他充分认识到赌博的危害，同时让他认识到为什么十赌九输，促使他下决心戒赌）

周某：警官你放心，我的教训太深刻了。

警察：还有就是你一定要把自己的小孩教育好，那是你们的希望。

周某：是的是的，我太对不住我的孩子了。

警察：大的是儿子吧。

周某：对，大的是儿子，小的是女儿，非常可爱。

警察：这么好的家庭你没有好好珍惜。

周某：我后悔没有给小孩带好样。

警察：那你自己就要好好改造，早点出去。

周某：是的，我要争取减刑，早点出去。

警察：表现好当然可以减刑，出去以后绝对不能再赌博了，更不能偷盗。

周某：那不会了。

警察：为了你的老婆孩子，为了你的父母都不应该再犯罪了啊。

周某：那是，教训太深刻了。

警察：你能够认识到这个就好。看得出来，你老婆还是很舍不得你的，下次来会见或打亲情电话的时候，你应该向她道歉，请求原谅。

周某：是啊，谢谢警官提醒，我一定会向她道歉的，希望得到她的原谅。这样我就会有更大的信心面对以后的改造。

警察：作为一个男人要说到做到，你明天可以找中队警察拨打亲情电话，向妻子道歉。现在交给你一个任务：如何规划以后的改造道路及人生道路，下次我找你谈话的时候你要给我一个答案。我相信你能够给我一个满意的答案。

周某：谢谢警官，我讲到做到。你交代的任务，我会认真考虑的，一定会给你一个满意的答案。

（循循善诱，鼓励其好好改造、重塑新生）

第二次谈话：

（打报告词进入办公室）

警察：今天看上去气色好多了，上次交代你的任务完成得如何？

周某：上次打了亲情电话，给妻子道歉，讲了好多心里话，她原谅了我，她也谢谢我能够理解她，外面的事、小孩的事不要我操心，她会处理好的，只要我好好改造就好，她还讲：有什么困难要听警官的话，不要给警官添麻烦，虽然离婚了，但请我放心，她不会抛弃我，我的事还是会管的，电话号码也不会改。我打完电话后感觉自己一下轻松好多，也清醒了好多，也晓得自己如何来面对以后的改造。（情绪较激动）

（检验上次谈话效果）

警察：其实你的妻子并不想完全抛弃你，她愿意帮你抚养判给你的一个孩子，还愿意承担你在监狱服刑期的生活费用。这不是给你很大的让步吗？甚至你们复婚的可能性还是有的，但要看你是否悔改和出狱后的表现。

周某：是的，我觉得她对我还是有感情的。她也是无奈才作出离婚的选择。这段时间我想了很多，为了小孩，为了以后的生活，作为一个父亲，一个男人，要勇于面对困难，不畏困难，要有担当，在哪里跌倒就在哪里站起来。我也明确了自己的改造计划，第一，我会服从警官的管理，端正态度，不像以前那样顶撞警官了。第二，积极劳动，争取超额完成任务，多拿劳动报酬为妻子减少负担。第三，我希望监区的警官多鼓励我，多支持我，监督我，争取早日减刑，这样才能够早点回家。我有信心通过自己的努力重新让自己站起来。让我的妻子能够看到我悔改的决心，是真心真意地为了她、为了小孩、为了家庭在努力。

警察：今天从你进入办公室开始到你自己刚才的表述，我就感觉你变了，你比以前更自信了，说明你自己打开了心结，正确地面对一切。

周某：谢谢警官，没有您的正确引导，我还是很迷茫。我现在不一样了，一定会遵规守纪，积极劳动，服从管教，争取早点回家，回到我妻子和小孩的身边，尽一个男人、一个父亲的职责。

警察：非常高兴看到你的变化，希望你能说到做到，不辜负我们对你的教导，不辜负你妻子对你的一片苦心。

周某：谢谢警官。我一定会做到的。

（进一步教育引导，巩固成果）

（四）个别谈话小结

通过两次谈话，监区警察将周某妻子要求离婚的负面影响降到最低，同时化危机为契机，树立周某改造的新希望。让周某感觉到妻子并没有抛弃他，仍然会与他保持联系，通过亲情帮教，巩固了周某积极改造的良好行为。

第五节　罪犯刑满释放前个别谈话教育示范案例

一、个别谈话案例背景

罪犯临近刑满释放时，由于与社会脱轨已久，对回归社会和家庭充满未知的“恐惧”。因为自己犯过罪，在即将面对的家人、朋友面前会感到愧疚和自惭形秽，普遍存在焦虑、不安、心慌、无措的茫然感，对回归社会、回归家庭的美好憧憬，极易演变成因对社会环境和家庭人事变迁的排斥和逃避而产生忧郁，甚至产生应激性适应障碍，若未得到正确的疏导，在个人无法自行调节的情况下，这些心理问题很容易对服刑人员回归社会后的思维模式、性情表现等产生长久的影响。

本案例中的范某，是后勤监区即将刑满释放的一名普通罪犯，因其父母年迈、家境较贫困、自己文化水平低、无技术特长，加之缺乏出狱后的职业规划，使他对回归社会后的“前途”感到焦虑、迷茫，甚至恐惧，同时有总算熬到头了，船到码头车到站的松懈心理，以及将要获得渴望已久的自由的激动心理。种种心理纠缠在一起，导致范某心理活动频繁，情绪波动较大。所以，出监前期也是服刑改造的一个危险期、纠结期。警察对其进行出监前谈话的目的是帮助该犯树立自信和积极的生活态度，根据自己的具体情况合理规划出监后的人生道路，带着正确的人生观、世界观、价值观尽快融入社会生活，带着满满的正能量回归家庭。

二、谈话罪犯基本情况

罪犯范某，35 岁，初中文化程度，已婚，妻子在家里抚养两个小孩，大的是男孩，在读初中，小的是女孩，在读小学，贵州省威宁县人，因组织卖淫罪被判处有期徒刑 5 年，2020 年 1 月，从一监区调入后勤监区服刑，2022 年 9 月减去有期徒刑 1 个月，刑期至 2022 年 11 月 3 日释放，余刑 1 个月十几天，该犯因上述情况，精神压力大，经常失眠，觉得自己释放后，前途迷茫，对自己以后的人生感到特别的悲观和消极。

三、谈话前初步分析及谈话技巧

（一）初步分析

即将刑满释放出监的罪犯因个案不同，呈现多种差别较大的心理表现形态和情绪变化，有些因为自己犯了罪而产生愧疚感，有些因为对未来的期望与自己现状的差异而产生自卑感，有些因为自身将要应对社会变迁但缺乏能力而产生无力感。这些心理问题往往无法通过服刑人员自身的调整找到回归社会和家庭的勇气和信心。所以出监谈话显得尤为重要，也是服刑改造的最后一课，是对过往几年、十几年甚至几十年改造成果的验收、巩固和加强。个案中的罪犯虽然因为年龄、家庭情况、文化程度、实践能力和心理素质的差异，在出监谈话的切入点上有所不同，但他们对于回归社会后的恐惧感、自罪感、自卑感以及对前途的焦虑茫然感是共性的，所以把握好这些关键节点，灌输积极乐观、向善向上的正确思想，科学理性地加以引导，是此次谈话的重点。

（二）谈话技巧

1. 该犯目前的情绪障碍是基于自身的一些劣势条件而产生的，如文化水平不高、能力不强、没有一技之长，家境不好、父母年迈等。所以，这次谈话应在与罪犯进行充分沟通并获得他的信任以后，再循序渐进。

2. 谈话前要尽可能多地掌握和了解罪犯的基本情况和现

时的思想动态、情绪波动，包括向该犯在狱内平时关系比较亲密的服刑人员了解情况。要有针对性地运用启发模式，鼓励其打开心扉，多讲心里话。

3. 对人的思想教育和观念改变永远都不会是一个轻而易举的过程，警察要有攻坚克难的心理准备，要有足够的耐心，认真仔细地倾听，同时要自始至终掌握谈话的主动权，保证谈话不偏离主题，更不能让罪犯带着节奏走，该打断话题时一定要及时打断话题，回到正确的轨道，必要时要果断采取告诫教育法，进行当头棒喝式的教育提醒。

（三）谈话记录

范某：报告警官，罪犯范某前来向您报到！请您指示！

警察：范某，你进来吧！

（范某得到警察允许后走进办公室，警察示意范某搬小凳子坐下）

（在落实行为养成的同时，营造轻松的谈话氛围，拉近警囚谈心谈话的距离）

范某：谢谢警官。

警察：今天找你谈话，是因为你还有 1 个多月就要刑满释放了，需要进行一次出监前的谈心谈话。首先恭喜你很快就要重新获得自由，回归社会，回归家庭同家人团聚了，回家呼吸自由的空气，见到父母、老婆、孩子，见到亲戚朋友，你高兴吗？

范某：高兴！真的是高兴！以前经常晚上做梦都在想着出去的日子，但是随着刑满释放的日子一天天临近，很兴奋很激动的同时，心里又时常感到慌张、烦躁，有时还感到害怕……

（警察观察到范某嗫嚅着说话的同时，两个手掌在膝盖前不自主地交叉拧着手指，表现出了焦虑无措的心理情绪）

警察：这是正常的呢，快要出去的罪犯一般都是这样的心理状态。经过一段人生的低谷，在高墙电网里面过了几年没有自由的生活，现在马上就要结束了，终于熬到头了，马上要回家团聚了，当然高兴啊，但是一想到出去以后不知道干什么时又感到心里发慌发愁是吧？这也是正常的呢。哎，你今年是获得了一次减刑奖励吧，前些天收到裁定了吗？

（掌握他的心理状态，并以拉家常式的心平气和语气同他讲话，消除他的顾忌，找准他的思想症结后，自然而然地进行启发教育）

范某：是的，减了 1 个月，所以刑满释放的时间是 2022 年 11 月 3 日，这还得感谢警官的教育和帮助。

警察：嗯，这说明你改造表现比较好，获得了人民政府的认可嘛。你现在还年轻得很呢，才 35 岁，还可以做好多事，不会的东西从头学都来得及。

范某：那是，那是，出去必须要学点东西，要挣钱养父母，养老婆孩子，我欠他们太多了。

警察：知道这样想就好，你年轻力壮，应该是家里的顶梁柱，要有男人的担当。

（循循善诱，激发他的家庭责任感）

范某：那确实是的。

警察：不过，你一定要记得，今后你无论做什么事，千万不能再做犯法的事，在长沙监狱的教训非常深刻吧，我希望在这里不要再看到你。

范某：那肯定不会了，那样太对不住老婆孩子了，孩子慢慢长大了，不能叫他们学我的坏样。

警察：那就好，孩子一定要教育好，他们还在读书吗？

范某：在读。一个读小学，一个读中学，不过成绩一般。

警察：哦，现在是知识改变命运，无论家里条件怎么样，孩子千万不能辍学，那是你们家庭的希望。

范某：对对对，我以后再苦再累也要供两个小孩读书。

警察：还有一点很重要，我要提醒你，就是千万不要乱交朋友，尤其是不正经的人，这个方面你是有教训的，对吧！

范某：是的，不能乱交朋友了，我准备学门技术，要么开出租车，要么做厨师，最后还没有想好。

（语重心长、设身处地的话语让罪犯感受到警察的用心良苦，并引导他走正道，进行职业规划）

警察：出去以后不害怕了吧？

范某：怕倒是不怕，我身体健康，出去之后不至于无处谋生吧。只是我爸妈年纪大了，家里经济底子也薄，没有别人家条件好，路总归会难走些。

警察：人生有无限可能。条件都是可以通过自己的努力创造的，有个你贵州的老乡李某，40 多岁的人，因为盗窃被判了 8 年，无亲无故，释放回家后，跟着别人学了一段时间烧烤技术，凭借当地扶贫办捐赠的一辆烧烤车，1 年多，踏踏实实积累了第一桶金，后来改行做熟食加工，差不多两年多的时间就大变样了。他上次联系我，现在资产已经做到有几千万元了，线上线下销量都非常好。还在他们市里买了栋别墅，买了几辆车。

（用别的已释放出狱罪犯的成功事例激励他，让他树立信心）

警察继续说：不说那些“大富大贵”的人出监后的发迹路，就说这些平凡小人物的成功“奋斗史”，也是屡见不鲜。你一个 30 多岁的人，头脑灵活，自身条件比他们只强不弱，在这里改造大部分警察都喜欢你，说明你情商也不差。只要你选对了行业，哪有你干不成的事，我非常看好你，有志者事竟成对吧？

（警察不失时机地上前拍拍范某的肩膀，强化鼓励的效果）

范某：谢谢，今天听警官您一席话，我心里亮堂多了，我就是想回家后好好搞，弥补这些年对父母和家人的亏欠，让他们过上好日子。

警察：这就对嘛！男子汉大丈夫就该有担当，只要努力、认真走正道，就没有实现不了的理想和愿望。

（鼓励同时强调“走正道”的思想引导，提醒罪犯要牢记教训，确保罪犯出监后不再重走“旧路”）

范某：是的，出监还有 1 个多月的时间，接下来我想好好做一个回家以后的“人生规划”，到时还请警官多多给予建议和指导。

警察：范某，我就喜欢这样的你，保持乐观的情绪，我等着看你的“人生规划”，更等着你出监后通过自己的努力收获人生的成功以后给我报喜呢。

范某：谢谢警官，保证不让你失望。

（四）个别谈话小结

通过这次的出监谈话，警察从该犯获得的减刑奖励入手，给予罪犯改造成果的肯定，进行正能量启发，激发他的家庭责任感，让孩子好好读书，培育好家庭的希望。又利用其他服刑人员出监后的“成功人生”进行鼓励，疏导罪犯“出监焦虑”等负面情绪，让罪犯重拾回归社会的斗志和信心，同时强调“牢记教训，誓走正道”的出监思想教育主旨。整场谈话效果很好，罪犯的心理状态明显好转，并且积极地表达了不辜负期许的承诺，达到了预期的效果。

第六节 罪犯劳动岗位调整个别谈话教育示范案例

一、个别谈话案例背景

当一名罪犯在一个岗位上劳动时间过长，因为罪犯个人违规或因改造需要对其岗位进行调整时，被调整罪犯会产生各种联想，这些联想往往不是积极方面的，很有可能因为这次调整导致该犯产生负面情绪，丧失改造信心，进而放松对自身的要求，从一个改造表现平稳的罪犯，变成一个不遵守监规监纪，甚至对抗改造的罪犯，这个时候就需要包教民警在调动罪犯岗位时及时介入，进行谈话教育，开展心理辅导，打开罪犯心结，使调整顺利进行。

本案例中的周某，是一监区一分监区下队三年的罪犯，下队后一直从事新犯队列培训及车间打包配对工作，近期因为劳动时长期走神不能完成打包任务而被警察调换岗位。警察个别谈话的目的是帮助该犯正确看待岗位调换，不因岗位的变动而消极改造。

二、谈话罪犯基本情况

罪犯周某，34 岁，湖南沅江人，因犯贩卖毒品罪被判处有期徒刑 9 年，2019 年 10 月下队至一监区一分监区服刑，下队后表现一直较好，坚持完成分监区下达的辅助新犯队列培训等工作，近期因鞋面打包进度跟不上，且多次劳动时走神被警察调换劳动岗位。

三、谈话前初步分析及谈话技巧

（一）初步分析

该犯一直协助警察从事辅助新犯队列培训工作，为人处事守规正派，在犯群中认可度较高，但近期因劳动任务完成不好，且劳动时多次走神而调动其劳动岗位。一般而言，罪犯都会产生负面情绪，其他罪犯也会产生一些波动，为了使其尽快适应新岗位，继续搞好后面的改造，对其进行谈话教育。一是要避免周犯走入歧途，二是要在犯群中树立警察执法的权威性、公正性。避免类似的调整在犯群中被别有用心的罪犯利用制造事端。

（二）谈话技巧

1. 找一名该犯信任的警察进行谈话教育。

2. 首先对其进行关心，询问其近期改造情况，摸清该犯近期劳动中走神的具体缘由，通过缘由帮助他分析原因，想办法解决该犯的实际困难（合规情形下）。

3. 因该犯表现一直较好，本次谈话是预防性质，固对其以前的表现及服从警察的安排给予肯定，对本次的调整说明原因（原因一定要在罪犯自己身上），得到罪犯认可后告诫其不能放松对自己的要求，只要愿意积极靠拢政府，还是有机会再次为监区出力，前提是搞好自己的改造，以身作则，树立榜样效应，服从监区警察对其岗位的安排，达到示范带头作用，为即将到来的产线岗位大调整埋好伏笔。

（让该犯认识到对其岗位的调整也包含在配合监区整体调整计划中，让其有参与感）

（三）谈话记录

周某：报告警官，罪犯周某到，请您指示。

（罪犯蹲下）

警察：进来。

周某：是。

（罪犯起身走进警察办公室，距离1米再次蹲下）

警察：不错，行为规范做得很好。

周某：谢谢警官。

（提醒罪犯身份意识，强化行为养成）

警察：我听说最近你在劳动时间经常走神，完不成打包任务，是身体哪个方面不舒服吗？

周某：报告警官，我没有身体上的不舒服。

警察：那是不是家庭出现了什么问题？

周某：报告警官，我确实是有点想念家里人了，有时就会坐在座位上面发呆。

（找准问题，分析原因）

警察：你家里还有些什么人？

周某：我家里还有父母、妻子和孩子。

警察：经常性的不能接见，这个我可以理解，我何尝不是个把月回不了家呢，有时也会想自己的父母亲，老婆孩子，这都是正常现象，更何况你还在服刑，这方面的思念会更加强烈，这完全可以理解。但是既然是在服刑，是在赎罪，那么是不是更应该把监区安排给你的劳动岗位上的职责做好呢？

周某：是的，也确实是我自己的原因，因为我每天都在同一个岗位劳动，时间久了可能会产生一些懈怠，也没有了刚下队时的紧张感，不自觉地就会去想家里的事。

警察：其实你想家里是很正常的一种心理反应，说明你是一个有情有义的人，你没有忘记家人，家人也肯定没忘记你。你家人是不是希望你早点出去？

周某：我家里人当然希望我早点出去，我父母年纪也大了，家里的活干起来也吃力，小孩也不大，需要我陪伴和照顾，每次和家里联系时，他都会问我什么时候回家……

（说完哽咽起来）

警察：周某，抛开我们现在的身份，我们也都是为人子，为人父，能够理解你的心情。因此，你更应该在这里好好接受教育改造，争取早日回归家庭。

周某：是的，我会努力的。

（换位思考式谈话，引起罪犯共鸣）

警察：我听说这次因为你又在劳动岗位上走神被巡查警察发现了，然后把你调整到了踩机子的岗位对不对？

周某：是的。

警察：你对这次调整有什么想法和看法？

周某：这事确实是我自己做得不好，我知道警察一直都很关照我，是我辜负了民警，给监区造成了不良影响，我完全同意这次调整。

警察：你的表现一直比较好，也一直负责协助警察对新犯的队列培训工作，这点我们都是看在眼里的，但是你也是一监区的老人了，应该知道一监区的处事原则，就是公正处事，有奖有罚，做得好了就奖励，做得不好就处罚，你觉得你在这件事情上做得好不好呢？

周某：在这件事上我确实没做好，但希望警官不要因为这件事改变对我的看法。

警察：我们不会因为这一次事件就一棒子打死一个人，毕竟你一直是服从警察安排的，也没有给警察添麻烦，但最终还是要看你日后的表现，不能因为这次事件给你调个岗位就自暴自弃，明白没有？

周某：明白。我一定吸取教训，积极劳动，认真改造，争取早日回归家庭，回归社会。

（帮助其纠正错误认知，打消其顾虑）

警察：今天晚上会安排拨打亲情电话，你去报个名，好好和亲人聊一聊，坐牢不要想太多，想得越多刑期越难过，只有想好每天当下该做的事，把事情做好，才是最重要的，监区以后还有要用到你的时候，希望你一如既往地服从安排。

周某：谢谢警官！

（给予人文关怀，实施亲情帮教）

（四）个别谈话小结

通过这一次的谈话，肯定了该犯以往的改造表现，同时给该犯吃了一颗定心丸，防止了该犯因胡思乱想走入歧途，再次阐明了监区执法公正的立场，有奖有罚，让罪犯心服口服，整场谈话效果较好，达到了预期的效果。

第七节 罪犯受到惩处个别谈话教育示范案例

一、个别谈话案例背景

罪犯因违规违纪受到惩处后，一方面对警察有埋怨情绪，对警察的教育和引导在内心里或多或少会出现一些抵触。另一方面由于受到的惩处对减刑有一定的影响，觉得以后的改造没有了盼头，因而产生埋怨心理，尤其是觉得自己被处罚是因为警察并没有完全调查掌握情况，自己有被“冤枉”的地方，或者觉得处罚过重，就会产生更严重的抵触和埋怨心理，甚至破罐子破摔，自暴自弃，放弃自我改造，走向对抗改造的极端。

本案例中的罪犯李某，是一名多次被判处有期徒刑的罪犯，以前只是小偷小摸，因此刑期都不是太长，但这次被判了 10 年刑期以后，就产生了严重的悲观情绪，入监以后表现一直不稳定，时常发生违规违纪行为。2022 年 9 月，李某因违反车间管理规定，而且不服从值班警察的管教，被送至高度戒备监区训诫 7 天。

李某结束 7 天训诫以后，警察为了及时帮助教育他，在第一时间找他谈话，了解他的思想状况，制订个别改造方案，进行心理疏导，按规定进行谈话教育。

二、谈话罪犯基本情况

罪犯李某，35 岁，已婚，妻子在家做小生意，有一个儿子在读小学。李某系长沙市岳麓区人，因抢劫、盗窃罪被判处有期徒刑 10 年 6 个月，2021 年 5 月分配到长沙监狱二监区服刑。在二监区有过服刑经历，对环境和部分同改比较熟悉，劳动技能比较熟练，因而较快地融入了监区的改造。但由于这次刑期长，又是累犯、暴力犯罪，还有财产刑未履行，减刑上受到条件限制，所以自入监服刑以来，就觉得自己这一辈子没有什么希望了，心理包袱极重，精神压力巨大，对改造前途十分彷徨与迷茫。

三、谈话前初步分析及谈话技巧

（一）初步分析

详细了解罪犯李某入监以来的整体改造表现，从该犯多次违反监规纪律的情况，分析其服刑心理状态，找准症结所在，拿捏关键节点，灌输正确的思想观念，科学理性地加以引导，从而在个别教育、谈心谈话的时候对症下药，精准用心用力并瞄准发力的切入点。

（二）谈话技巧

1. 该犯目前的身心状况均处于消极状态，有可能在谈话中会流露悲观情绪甚至抵触、敌对情绪，从而导致谈话中止，警察对于上述情形要有一定的心理准备，保持足够耐心，认真仔细倾听，并站在他的角度偶尔点头，以拉近心与心的距离，获得他的信任，消除他的顾虑和抵触情绪，同时根据时机给予适当的人文关怀。

2. 通过和颜悦色的交谈，在获得罪犯的基本信任以后，再循序渐进，逐步深入开展帮助教育，警察根据事先所掌握和了解到的罪犯的基本情况，对该犯提出短期的改造要求和长期的改造规划，并与他共同商讨。

3. 针对李某系累犯，又是多次服刑，且熟悉警察工作方法这些特殊情况，同他的谈话教育不仅要严厉，还应充分利用其对家中儿子非常牵挂的心理，动之以情，晓之以理，做到法理结合，情理并重。

（三）谈话记录

李某：（办公室门外报告）报告警官，罪犯李某到，请指示。

警察：进来。

（李某进门后主动蹲下）

警察：李某，你看起来精神状态不错啊，显得瘦了点。训诫了7天，有什么收获吗？

李某：报告警官，除了伙食差一点，其他也没有不适应，训诫搞的这些以前也搞过，难不倒我。没有什么收获。

警察：李某，你这种改造心态看来有问题，犯了错误去训诫，回来后对自己的错误没有一点认识，还洋洋得意，是不是觉得很光荣？不要忘了你是罪犯，在这里是服刑。

（发现李某对违规惩戒不以为然，进行严厉批评，强化其身份意识）

李某：警官，不是的咧，我知道我错了，也接受惩处，以后一定改正错误。

警察：李某，你今天结束训诫回监区，根据你入监1年多的表现，我觉得有必要再次跟你进行谈话。你是“老口子”，你的情况我也清楚，跟同改发生过争执、劳动中偷奸耍滑、生活物资多拿多占等小错误不断，犯错以后认错态度还是不错，但就是坚决不改正，是不是？

李某：警官，我这次判这么久，又是累犯，减刑、假释都没有希望，只是想过得轻松点，没别的想法，你们该扣分的扣分、该处罚的处罚，我都接受。

（发现该犯思想问题严重，有破罐子破摔、自暴自弃的倾向，必须重点帮教，并给予关怀）

警察：你蹲着难受吧，坐在旁边的小凳子上吧。

李某：谢谢警官。

（坐下）

警察：李某，犯罪是过去的事，我不评价，但是我想问你，既然已经服刑了，最大的愿望是什么？

李某：当然是早点回家，但是我这种情况不可能。

警察：你这就错了，虽然你是累犯，但累犯并不是不能减刑啊，只是间隔期长一点。你还有 9 年刑期，即使间隔期长一点也起码还能减三次刑，所以还是有希望提早回家的。

李某：我也了解政策，但自认为我这种情况没门。

警察：你这种想法就有些偏激了，你现在这个样子肯定没门。俗话说：机会是留给有准备的人的。你只要平时表现好并且稳定，积极改造，服从管理，不扣分，把自己的事做好，同时控制自己的消费，条件成熟了自然可以申报减刑。

（针对其改造目标，让他看到希望，宣讲政策，消除他的错误认识，同时指导他正确的改造行为）

李某：话是这样讲，但这一年多来，我得罪好几个警官了，又扣过几回分了，后面表现再好，只怕你们也不会让我减刑。

警察： 你不要有这些顾虑，我们每天跟罪犯打交道，理解你们的心情，平时对你们严格管理是我们的职责，但公平对待每一个罪犯更是我们的职业操守。没有哪个警察会跟罪犯记仇的，关键是你自己要坚定目标，想早点回家就要好好改造。

（晓之以理，对他的一些想法表达理解，以取得共情，同时强调警察的职责，取得他的理解，打消其不能减刑的顾虑）

李某： 我当然想早点回去，家里还有老婆和一个读小学的儿子在等我，回去晚了，只怕老婆都跑了……

（话音未落，李某就小声啜泣起来……警察上前拍了拍李某，递过去了一张纸巾）

李某： 谢谢。

（说完擦拭了双眼）

警察： 家里还有孤儿寡母在等你，那你还不清醒点，这个样子怎么可能减刑？现在赶紧明确改造目标，端正改造态度还来得及。李某，你愿不愿意从今天开始为家庭、为孩子塑造一个新的自我？

李某： 我当然愿意。

警察： 那好，我们就看你今后的表现。

（给予罪犯必要的人文关怀，帮助释放情绪）

警察： 很久没现场会见了，你是不是很想老婆孩子了？

李某：是的，太想他们了。

警察：今天晚上会安排拨打亲情电话，你去报个名，好好和亲人聊一聊，以后一定不要让他们失望啊。

李某：太好了，多谢警官。

（亲情帮教，帮助其坚定改造目标）

警察：今天就先谈到这里，以后有任何事情和问题你都可以随时向我报告。

李某：谢谢警官。

（四）个别谈话小结

这次谈话是在罪犯李某结束训诫的当天进行的，警察针对他的具体情况，循循善诱，进行引导、激励，消除他对自己不能减刑的错误认识，使他的服刑态度，从开始的破罐子破摔到将信将疑，再到精神振作，答应积极改造，一步一步朝着警察的思路演进。同时警察对他进行了身份意识教育、政策宣讲、心理疏导，并加之以亲情期盼，进一步激发起罪犯李某努力改造的热情。目标明确，步骤得当，方法可行，效果明显，目的实现。

第八节 罪犯之间发生冲突个别谈话教育示范案例

一、个别谈话案例背景

罪犯来自四面八方，而且什么人都有，因此在改造过程中难免产生矛盾或发生冲突，如果发现及时、制止得力，往往能使大事化小、小事化无，如果处置不力往往激化矛盾，甚至酿成更大的事故。

本案例中的夏某，是三监区三分监区下队 3 年的罪犯，一直从事一线机手岗位。近期，由于生产任务紧张，该犯放松了对质量的要求，辅岗质检多次提醒该犯注意产品质量，但是今天该犯仍未进行整改并造成批量质量问题，在质检再次提醒时，夏某与质检发生言语冲突并率先动手升级为肢体冲突。

二、谈话罪犯基本情况

罪犯夏某，22 岁，湖南省安化县人，因寻衅滋事罪被判处有期徒刑 5 年，2019 年 5 月 25 日投入长沙监狱服刑改造至今，自入监以来改造表现一直较好，近期因出工时间缩短，生产任务完成情况不理想，生产压力较大。

三、谈话前初步分析及谈话技巧

（一）初步分析

该犯自入监以来一直从事一线机手岗位，生产上能较好完成任务，与同改相处也较为和谐，未与他人发生过矛盾冲突，在犯群中认可度较高，这次冲突的发生主要是近期生产压力突然增加，造成该犯未能及时作出调整且对生产任务的认知出现偏差，一味追求数量忽略了产品质量。

（二）谈话技巧

1. 调取事发时的监控回看事件发生的过程，并结合笔录内容询问生产线上其他罪犯当时情况，客观上了解事件的始末。

2. 找该犯询问事情经过，引导该犯自我反省，并帮助该犯认识自身问题。

3. 严肃纪律，强调规章制度在监狱的权威性。

4. 稳定情绪，防止矛盾进一步激化。

（三）谈话记录

夏某：报告警察，罪犯夏某到，请您指示。

（罪犯蹲下）

警察：进来。

夏某：是。

（罪犯起身走进警察办公室，距离 1 米再次蹲下）

警察：听说上周你有两天任务没有完成，那怎么两天后就可以完成了呢？时间也没有加长啊。

夏某：我把速度加快了，细节上不那么注意就可以完成任务了。

（开门见山，直面问题）

警察：近几天质检多次反映说你的质量有问题，是不是为了完成任务而忽略了产品质量？

夏某：是的，有限的时间内要完成任务就只能加快速度了，一加快就有很多细节没注意，而且每次收任务都是记数量，质检也不可能每一件都检查，而且大的方面还是注意了，应该不会出现蛮大的问题，想着蒙混过去就能完成任务了。

警察：你知不知道完成任务的要求不只是数量，还应该在质量上符合产品要求？

夏某：知道，只是为了能轻松点，抱有侥幸心理，想着质检没有发现就好了。

警察：你认为你这些想法对吗？

夏某：肯定不对。

警察：那要怎么办呢？

夏某：注重质量，在保证完成数量的同时，一定注意产品质量。

（找准症结，晓之以理）

警察：质检在发现你的质量问题之后多次提醒你为什么不及时改正过来，甚至还和他发生冲突？

夏某：质检发现我的问题之后，我开始也试着注意细节，但是还是会影响速度，所以又继续抱有侥幸心理，谁知道质检把我当成重点关注对象，总是能发现我的问题，就感觉他是在故意针对我，心里就很烦躁了，今天下午，他又来说我的时候就没忍住和他吵起来了，后来没忍住还动了手。

警察：你这样做对吗？

夏某：肯定不对，都是我的错。

警察：错在哪里？

夏某：一是不该只顾完成劳动任务，忽视产品质量。二是不该迁怒质检，和质检吵，甚至还和他动了手。千错万错都是我的错，现在我好后悔，我对不起民警对我的关心和教育，对不起质检员，对不起同改。

警察：监区规定的劳动任务是包括数量和质量的，是要保证质量的基础上的数量，是要符合产品技术要求的产品，是合格品，甚至是优质品，这样的数量才有意义，你说对吗？

夏某：是的，您说得很对，在以后的劳动中，我一定更加注重产品质量，争取多生产优质产品。

警察：警察设置质检岗位就是要及时发现你们生产线上的质量问题，并督促你们及时改正，不然我们流水线生产，一道环节出现问题，后面的工序相当于做了无用功，严重的时候还会造成很大的质量事故，给监区造成极大的损失。今天下午质检在发现你的问题的时候已经生产出了一百多件不合格的成品，都需要返工，返工完毕后再重新制作成合格成品所花费的时间和人力都不是简单的一加一，这不只是你一个人的问题，要是质检不负责任，同时每个人都像你这样完成任务，那损失就不可估量了。而质检这几天一直发现你的质量问题，也不存在是针对你，这也只是他的岗位要求，这几天他也发现其他人有你这样类似的问题，只是为了避免造成更大的损失才总是提醒你们，不然警察该找质检员谈话批评了。如果你是质检员，你会怎么做呢?

夏某：我也会提醒他们。

警察：是的啰，现在，你还会觉得质检员是针对你吗?

夏某：不会了，这是他职责所在，我错怪他了，对不起他了。

（既严厉批评，又悉心教育，纠正其错误认知）

警察：你们是同改，尽管来自五湖四海，但同在一个监狱服刑改造，也是一种莫大的缘分，不论时间长短，都要共同面对监狱服刑的种种现实困难和各种考验，因此，同改之间还需互相关心，互相帮助，珍惜同改友谊，共同走向新生。切忌互相猜忌，心胸要宽广，少计较自己的得失，多替同改想一想，多点换位思考，这样才能建立和谐的关系。这些观点你同意吗?

夏某：您讲得太好了，我完全同意，并使我深受教育。

警察：那你和质检员争吵，甚至动手，对不对呢?

夏某：肯定不对，都是我的错。

警察：对于这件事情，监区会要作出处罚，但看你是初次，现在认错态度也好，监区会从轻处罚，我希望事情过去之后，你能冷静下来好好想想这次事件你自身存在的问题，总结经验教训，并考虑该如何有效完成生产任务，搞好后面的改造工作。

夏某：在您和我说完之后，我也知道我的侥幸心理给监区造成了很大的损失，同时给所有罪犯带来了不好的影响，以后的生产我会按照工艺要求认真完成生产任务。同时，正确处理和同改的关系。这次，在质检发现我的质量问题时没能正确认识自己的错误，还误会质检员是在刻意针对，没能控制好自己的情绪，导致违反了监狱的规章制度，我自愿接受监区的处理并向质检员道歉。

警察：希望你言行一致，在这里快乐劳动，快乐生活，争取早日回归家庭。

夏某：谢谢警官。

（换位思考，动之以情）

（四）个别谈话小结

这一次的谈话，通过此次事件对该犯进行批评教育的同时进行计分考核处理。让该犯及时调整情绪，正确认识生产工艺的重要性，对于违反监规纪律的行为应接受相应的处罚。整场谈话效果较好，让罪犯心服口服，达到了预期的效果。

第九节 罪犯家庭发生重大变故个别谈话教育示范案例

一、个别谈话案例背景

罪犯李某，男，31 岁，因非法拘禁罪被判刑 3 年，余刑 1 年。李犯父亲因其他罪名在其他监狱服刑。2022 年 6 月，该犯父亲刑满释放，前来监狱探视李犯，李犯表示会好好改造，争取早日回家孝敬父亲。2022 年 8 月，李犯父亲发生交通事故，被他人撞伤，经抢救无效死亡。

二、谈话罪犯基本情况

罪犯李某，性格较为内向，年轻气盛，较为冲动，在服刑期间与他犯因琐事发生争执，并且动手打人，自我保护意识较为强烈。家庭成员方面，独生子，父母离异，由父亲带大，与父亲感情很好。

三、谈话前初步分析及谈话技巧

（一）初步分析

父亲突然离世的消息让罪犯李某难以接受，存在强烈的居丧反应的可能，对改造失去信心，自暴自弃，出现走极端的现象。

（二）谈话技巧

1. 通过共情，让其对警察产生一定的信任感。

2. 认同他的痛苦。哭泣有助于痛苦情绪的宣泄，表达出对死者的思念。同时要告诉他哭泣是一种很自然的情感表现，而不是懦弱的表现，不要刻意去抑制这种感受。

3. 鼓励他表达出内心的痛苦感受及对死者的回忆。

4. 鼓励他投入新的改造生活中。

（三）谈话记录

第一次谈话：

（打报告进入警察办公室）

警察：李某，今天找你谈个话，对你近期的改造情况进行一个了解。

李某：谢谢警官的关心，近期我的改造比较正常，我也在努力地劳动，争取早日回去孝敬我的父亲。

警察：你的父亲多大年纪了，现在在哪？

李某：他已经60多岁了，前段时间刚从别的监狱刑满释放，上个月来看了我一次，现在应该在老家。

警察：好的。你现在在机手岗位上，我看你上个月的劳动系数排在了小组的前列，很有进步，希望你再接再厉，好好改造。近期，有没有什么困难需要我们帮你解决的？

李某：我现在积极劳动，每个月能拿到300元到500元的劳动报酬，我家里条件不好，我希望能多攒一点劳动报酬，到时候寄回去给我父亲，毕竟他年纪大了，挣不到钱。

（了解罪犯现实想法，找准开导切入点）

警察：好的，在政策上，劳动报酬是根据你每个月完成的劳务产值，再根据你的分类定级，由监狱发给你的报酬，这是你的劳动所得。看得出来，你是个非常孝顺的人，对你的父亲非常好。我为你的这份孝心点赞。

李某：我父亲从小把我养大，我父母在我没懂事的时候就离婚了，父亲为了我到外面打工，挺不容易的。这一次他服刑，是因为在外面有人说我的坏话，他才跟别人动手，把别人打伤，因此坐了牢。而我在社会上结交了不好的朋友，跟着他们瞎混，结果犯了法。我的性格并不好，但是自从我父亲来探视之后，我决定要好好改造，不能再让他担心了，我一定要早点出去。

警察：从你现在的改造表现来看，你能够认罪悔罪，表现较好。看起来你都是因为你的父亲。

（点赞其孝心，引发共情）

李某：是的，为了他，我什么气都可以忍，什么苦都可以承受。

警察：好的。我完全能够理解你对父亲的那份感情。但是，我想告诉你，我们都是成年人，每个人都为自己的行为负责。而且，你也要学会面对一个人生活，因为父母都有老去的一天，他们都希望自己的孩子能够长大独立。你自己过好了，就是父母最大的心愿。因此，我今天想给你留下一个思考题：如果有一天，父母亲老去了，你能否活得更好？今天，我就跟你谈到这里，等下次，我再找你谈话。

（埋下伏笔，让其对变故提前有心理准备）

第二次谈话：

李某：报告警官，服刑人员李某到，请指示！

警察：进来。拿个小矮凳坐下吧。

李某：谢谢警官。

警察：李某，还记得上次我让你思考的问题吗？你想得怎么样？

李某：警官，我不敢去思考这样的问题，我没有勇气去面对。

（了解上次谈话后其心理准备情况）

警察：人有生老病死，这都是很正常的事，我们每个人都会面对这一天。我说的对吗？

李某：警官，我觉得你是不是有什么事要告诉我？

警察：你还是猜出来了。我首先想请你做好思想准备，你的父亲在前不久，因为出了一场交通事故，被肇事车辆撞伤，经抢救无效，已经……

李某：啊？

（先是震惊的表情，然后便开始哭泣）

（警察默默地注视着他的哭泣，并递上卫生纸）

李某：（慢慢地缓过神来）警官，谁告诉你这个消息的，肇事司机抓到了吗？

警察：是你从小一起长大的朋友王某告诉我的，肇事司机已经抓到了。交警部门正在处理此事，你不要担心。是对方的责任，他会负责全部费用的。

李某：我完全接受不了这个事实，我感觉我这辈子都没意义了。我还没来得及孝敬我的父亲，这可怎么办。

警察：人死不能复生，你作为一个男子汉，只有勇敢地面对和接受这个事实。你还记得你父亲来看你的时候说了什么吗？他希望你能早点出来，找份工作，遵纪守法，好好过日子。你一定要完成他的心愿。

李某：我现在特别无助和不知所措。

警察：没关系，我很能理解你现在的痛苦，如果感到难受就哭出来，没关系的。只要哭过之后，能够再站起来，再次面对新的一天，就是真正的男子汉。

李某：谢谢警官的理解和安慰。

（告知其消息，帮助其勇敢面对）

警察：李某，我们在听到你父亲这个消息后，专程去了一趟你们老家，现在交警部门已经妥善地处理此事了，我们积极联系了民政部门，他们将你们家作为重点扶持对象，你父亲会得到正常的安葬，同时，肇事方赔付了一笔钱将打到你的卡上。你就不要担心外面的事，安心改造，早日出去才是最重要的。

李某：啊？我现在才知道，上一次您找我谈话，就是让我有心理准备，你们还为我做了那么多的事，我真的太感动了。谢谢警官，请给我一点时间，让我慢慢接受这个事情。

警察：好的，没关系，慢慢来。我想告诉你的是，我们每个人都是为自己而活，你未来的路还长，会结婚生子，明天的太阳会照常升起，所以，我们没有什么困难是不能度过的，未来总是美好的。

李某：听了您的话，我心情好多了，我想我父亲肯定也不希望我自暴自弃，放弃生活。我只有活得更好，才是他的心愿。谢谢警官。

（进一步引导其化悲痛为力量，积极改造）

警察：好的。我希望你能积极地参加监区组织的文体活动，体育锻炼能够增强人的身体素质，开阔自己的心胸，缓解压力。

李某：嗯，好的，我一定踊跃参加。

警察：好的，那今天的谈话就到这里。

李某：谢谢警官。

（督促其多参加文体活动，转移注意力）

（四）个别谈话小结

通过两次谈话，让李某能够慢慢接受这个噩耗，同时通过帮他树立改造目标，重新燃起改造的信心，燃起希望。对此，还是要进一步加大对李某的关注力度，在没有完全接受这个现实之前，要安排好互监组、夜值犯和监舍长关注他的行为。一旦发现异常情况及时汇报。

第十节　罪犯无人会见或家人长时间不联系个别谈话教育示范案例

一、个别谈话案例背景

罪犯李某，男，29 岁，因非法拘禁罪被判刑 5 年，余刑 3 年，刚刚下队半年。包教警察通过监狱平台查询发现该犯与家人长期没有会见和拨打亲情电话（4 个月了）。了解到原来是李某与家人在 4 个月前的一次亲情电话中发生矛盾，一气之下父亲和他断了联系，已经长时间没有拨打亲情电话回家。

二、谈话罪犯基本情况

罪犯李某，家庭经济条件一般，犯罪前在社会上没有正当职业，独生子，父亲对其管教严格。该犯自尊心强，由于下队时间不长，对监狱管理方式不够了解，缺乏安全感，自我保护意识较为强烈。

三、谈话前初步分析及谈话技巧

（一）谈话技巧

一是传递温暖，让谈话对象感觉到警察的关心以便建立信任；二是了解事情真相，掌握无人会见或长时间失联的原因；三是帮助分析谈话对象自身的原因，主动进行改变，争取家人的理解、支持，重新获得家庭的温暖；四是管教民警视情况可以尝试与其家人取得联系，形成共同帮教的合力。

（二）谈话记录

李某：报告警官，服刑人员李某到，请指示！

警察：进来。你的报告词还是蛮标准的，拿个小矮凳坐下吧。

李某：谢谢警官。

（提醒罪犯身份意识，强化行为养成）

警察：李某，今天找你谈个话，对你近期的改造情况进行一个了解。

李某：谢谢警官的关心，近期我的改造比较正常，没有过违规违纪的事情，我也在努力劳动，能够完成生产劳动任务，想着早点回家。

警察：这个想法很好，改造就是要有目标。从最近你的改造表现来看也确实不错。

李某：谢谢警官的肯定。

（及时肯定其改造表现）

警察：最近和家人联系没有？有没有打亲情电话回家啊？

李某：没有。

警察：其实啊，今天找你来谈话，就是因为你没有打亲情电话的事情。根据我们掌握的信息你已经有 4 个多月没有打电话回家了。

李某：是的。

警察：怎么这么长时间不打电话回去啊？

李某：没什么，就是不知道打电话回去说什么。

警察：怎么不知道说什么呢？可以问问家里的情况，聊一聊自己的改造表现嘛。是不是和家里人发生什么矛盾啊？

李某：没什么事情。

警察：没有什么事？是不好意思说吧？

李某：谢谢警官的关心。事情是这样的，由于我刚下队时间不长，自己有很多东西要买，再加上在监狱里吃得不习惯，所以想让家里多给点生活费。结果上次打电话回家要爸爸给我打生活费，他还讲我的不对，我回了几句嘴。最后搞得大家都不开心。我想家里也不是没这个条件，明明就是故意为难我，我就干脆不理他们了。

警察：你觉得你这样做对吗？

李某：不对，我不该跟家里人闹别扭。

警察：你现在知道错了也不晚。你几个月不给家里打电话肯定是不对的哦，作为你的包教警察要批评你。你想一想，你在这里坐牢，不仅自己痛苦，你的亲人其实也不好受，他们要承受多大的压力。可怜天下父母心，有哪个父母不疼子女，况且你还是独生子。

李某：是的。

警察：你父母因为你的事，不知道伤了多少心，还赔了钱，你为了生活费的事还和家人怄气，作为成年人是不是太不成熟了。

李某：是的，您说得有道理。

警察：你也来了几个月了，应该知道在监狱里面基本的生活物资都会给你发，伙食也不算太差，能够吃饱肚子，用钱的地方也比较少，现在劳动改造政策好，你年纪也不大，只要积极参加劳动，就可以通过劳动挣取报酬。我们五监区那些表现好的罪犯每个月可以拿到500~600元。我也查了一下你上个月的劳动报酬也有200多元，也差不多够你生活了啊。再说以后还可以继续努力挣取更多嘛。

李某：是的，警官你说的这些我也知道。其实和家里吵架之后，我后来想了一下就后悔了，但是后来就不好意思给他们打电话了。

警察：这有什么不好意思呢，都是一家人，为这点小事怎么还会生你的气啊，不会的啦。看到你这么久没有打电话回家，你爸爸已经打电话到监区，专门询问你的情况。家里很担心你。

李某：我家里打电话到你那里了吗？说什么啊？

警察：还能说什么啊？就是担心你啊，没事，我已经和他们说了，你在这里都挺好的。能遵守纪律，积极参加劳动。我想你干脆现在就打亲情电话，给家里报个平安，给父母认个错。

李某：好的，谢谢警官。

（采取侧面引导方式，带领罪犯走出思维死胡同并宣讲政策）

（李某拨打亲情电话……通话完毕后）

警察：这样不是很好嘛？什么事情和家里不能说开啊。

李某：嗯。

警察：我也和你父亲聊过。其实你出事后，家里给被害人赔了不少钱，现在经济条件也不是很好，你呀，就尽量不要给家里增加额外的负担啦。当然我也把这里的情况和家里说了，你父亲还是很担心你。为了让你好好改造，你爸爸说每个月给你打200元生活费。

李某：我……不用了！我以前不知道这里能够拿到这么多的报酬，才问家里要生活费的。

警察：这样的话，你下次自己和你家里人说。

李某：好的。

警察：作为一家人要相互理解，不要动不动就吵架。以后遇到什么问题，和家里人，尤其是父母一定要好好交流，知道吗？

李某：警官，我会的。

警察：那就好，以后有什么困难，都可以给我打报告。心里有什么想法也可以和我讲，特别是在改造中与同改发生矛盾。

李某：嗯，我会的。

警察：好的。我希望你能积极参加监区组织的文体活动，体育锻炼能够增强人的身体素质，开阔自己的心胸，缓解压力，争取早点回家。

李某：嗯，好的。

警察：好的，那今天的谈话就到这里。

李某：谢谢警官。

（给予罪犯必要的人文关怀，帮助释放情绪）

（三）个别谈话小结

通过谈话消除了罪犯李某与家人之间的矛盾，让李某能理解家人、体谅家人的困难。谈话中帮助李某分析了自身的原因，该犯也表示今后会主动改变，以后好好改造，早日回到家人的身边。

第十一节　罪犯行为反常个别谈话教育示范案例

一、个别谈话案例背景

对新入监的罪犯来说，普遍面临着角色转变困难，环境适应困难，需求满足困难等问题，思想情绪波动大，极易产生消极、抑郁、焦虑等不良心理，个别严重者甚至悲观绝望，情绪异常，行为反常。

本案例中的新犯李某，从收教中心来到监区近半个月，一直少言寡语，情绪低落，不与他人交往。近两天，不良情绪骤然升级，时常一人哭泣，甚至出现整日不吃不喝的现象，需要警察及时介入，开展个别谈话和心理干预。

二、谈话罪犯基本情况

罪犯李某，32岁，江西吉安人，大专文化，因犯掩饰、隐瞒犯罪所得罪被判处有期徒刑5年。该犯于2021年6月羁押在长沙市第一看守所，2022年9月到长沙监狱收教中心。警察调阅该犯档案资料，并据他的同案反映，该犯李某家庭和睦，经济宽裕，新婚不久即入狱，夫妻感情甚笃。在看守所羁押期间，情绪时好时坏，还曾发生自伤自残的行为。

三、谈话前初步分析及谈话技巧

（一）初步分析

该犯李某表现出来的种种行为，从监狱病理学角度讲，称为退缩性监狱适应不良现象。这一现象被解释为，未能以适当的方式建立和维护与监狱环境相和谐的适应状态，具体来说，罪犯对监狱环境缺乏理智认识，不能主动改变个体去适应监狱环境，而是期待监狱环境按自己的意愿变化，因而屡遭挫折。其表现形式是将消极情绪指向自身，以损害、贬斥自身为宣泄消极情绪的途径，常常伴有自伤自残的倾向。从这个分析结果出发，谈话的重点是要想方设法尽快解开李某的心结，使其理智认识监狱环境，主动适应监狱环境。促使李某调整心态，回归正常。警察依此制订了谈话方案。

（二）谈话技巧

谈话的技巧关键在于攻心，攻心的关键点就是找准发力点。本次谈话以“情、理、法”为发力点，渐进突破，内容概括为“三入三出”，即“带入情，吐出真心；融入理，引出共鸣；引入法，走出困疑”。

1. 动之以情。以情暖心，拉近与李某的心理距离，消除其抗拒和对警察不信任的心理。吐真言，讲真情，表真心。

2. 晓之以理。以理服人，通过摆事实、讲道理，说服李某爱护家庭、珍爱生命、正视身份，安心服刑改造，将李某的情感引入正确轨道，发出共鸣之声。

3. 明之以法。强调法律和政策的严肃性、权威性。在施以人文关怀的基础上，守底线、立正气，对李某适时发出善意忠告，消除其思想困惑和疑虑，促使其放下思想包袱，管控好自己的情绪，做到不越格、不过急、不走偏。

（三）谈话记录

李某：报告。

（站在门外，声音小而无力）

警察：进来。

李某：报告警官，罪犯李某前来向您报到，请您指示。

（进入办公室，打完报告蹲下，声音仍小）

警察：你叫李某吧，坐下。（示意李某拿旁边的小凳子坐下）怎么打个报告有气无力呀？

（李某沉默，不作声）

警察：听说你这几天情绪不好，是不是啊？

（李某仍沉默）

警察：李某，警察问话你要回答。这是纪律，是要求，也是对警察的礼貌和尊重。听清楚了吗？

（严肃认真）

李某：听清楚了。

（声音小）

警察：大声回答！

（严厉，坚定）

李某：听清楚了。

（大声）

警察：这就对嘛。年轻人要有血气方刚的劲头。

（严肃纪律，强化其行为规范）

警察：今年多大了？

（态度较亲和）

李某：32 岁。

警察：32 岁，正是年轻力壮的时候，怎么无精打采呢？

李某：我心里发慌，烦得很，浑身没劲。有时候一想到自己的处境就想哭。

警察：你是心病！引起了身体上的毛病。

李某：不是吧?!

警察：当然是的！你精神要振作起来。

李某：我振作不起来。

警察：你要调整自己的心态，你不能老是同在外面的时候比，你犯了罪，坐牢接受法律的惩罚是天经地义的，你刑期又不长，别人十几年，无期的怎么办呢?

李某：同他们比起来长是不长。

警察：你家庭条件不错，经济上没什么大困难。

李某：那倒是。

警察：更重要的是你们夫妻感情很好，你没有理由情绪这么差，萎靡不振啊。

李某：这些都是事实。

（李某脸上露出了笑容，明显轻松了很多）

（警察帮助其直面问题，并和风细雨地开导，通过层层剥茧，帮助他逐渐解开心结）

警察：你是江西人吧?

李某：是的，我是江西吉安人。

警察：吉安好地方啊，革命老区。（态度亲和）湖南和江西是老表嘛。家里还有些什么人啊?（动之以情）

李某：家里父母都在，我是独生子。

（低头，悲伤的样子）

警察：你是大专文化，学历不低啊。（见李某情绪好转，继续聊新的话题）学什么专业？

李某：计算机专业。

警察：计算机专业不错。实用。

李某：好什么啊。不搞这东西进不来的。

警察：怎么回事？说来听听。

（虽然警察已经查阅其档案，但以此进入谈话话题）

李某：因为搞这个专业，被朋友利用了。用自己的账号帮朋友转账，结果莫名其妙被抓了。您说冤不冤？

警察：你认为自己是冤枉的吗？

李某：太冤了。不仅毁了自己，丢了父母的脸，我妻子对我那么好，我却让她在朋友面前抬不起来头。我是心中有愧啊。

警察：知道心里有愧就好，那你就要振奋精神，好好改造，争取早点出去同家人相伴，让他们对你放心。

李某：那是。

警察：我今天找你谈话，就是想找你聊聊，看你到底有什么想法和要求。撇开身份，我把你当朋友，想听听你的心里话。

李某：感谢警官，我落到今天这个样子，也没什么要求。

警察：李某，你先冷静下来。听我给你讲一下。应该肯定的是，你是一个很要强，很要面子的人。你对父母有孝心，对家庭有责任心。这是难能可贵的品格。但是你要懂得，光有这些还不够，还要知道怎么去爱，怎么去珍惜。

你想想，你现在人在监狱，父母怎么想？妻子怎么想？他们希望你在里面好好的，不要受委屈，不要出问题。他们也同你一样天天等着，天天盼着。盼着你与他们早日团聚，早日回到自己的身边。倘若他们知道你在里面这样对待自己，不珍惜自己，糟践自己，他们可能比你还难过。你想过这些没有！

李某：我想过啊。可是我以前真想不通啊！

警察：你想不通什么？你对得起他们吗？你现在年纪轻轻，将来的路很长很长。你应该想的是如何在这里好好改造，争取减刑，早日走出这道坎！你是觉得你冤吗？《监狱法》规定，在服刑期间可以通过申诉方式合法表达自己的诉求，你要相信法律是公正的。监狱是国家刑罚执行机关，在你的判决没有变更以前，这里是依法对你执行刑罚。你必须服从监狱的管理，你在享有罪犯权利的同时还要认真履行罪犯的义务。好好接受教育，接受改造，这是你唯一也是最好的出路。

（李某沉默，倾听警察教育）

（认真严肃，晓之以理）

警察：你最近的行为表现对你的改造不利。你要认真反思，不能在错误的路上越走越远。我再问你：你还要这样再继续封闭自己吗？

李某：不了，我要开心起来，我不能再做对不起父母亲人的事情了，不能再给监区和您添麻烦了。对不起，我向您道歉！

警察：一天没吃东西，饿了吧？

李某：有点饿。（双手接过警察递过的苹果，眼眶红润）谢谢警察的关心，我会永远记住这个苹果。

警察：以后再也不能不吃东西了啊，人是铁饭是钢，要对自己负责，也要对家人负责。

李某：以后不会了。

警察：接过这个苹果，希望你以后身心平安，心态平和，迎接好今后的改造生活，这是我们所有警察的希望，也是你亲人的最大心愿。

（动之以情，给予人文关怀，并提出希望和鼓励）

（四）个别谈话小结

通过这次谈话对李某有较大的触动，该犯意识到于情、于理、于法都不应该带着消极情绪接受改造，警察可敬可亲的感召力使其对监狱有了新的认识。相信该犯会逐步融入监狱，遵守监狱的监规纪律，适应监狱的生产生活。但罪犯思想和行为改造是一个漫长而复杂的过程，李某的改造之路可能还会有波折、起伏。所以，警察还要保持耐心和信心，进一步加大对该犯的帮助与教育。

第三章 队列指挥

队列指挥，是监狱人民警察作为指挥员在组织罪犯出收工、就餐或参加重大集体活动时，指挥罪犯队列时的准则，是组织罪犯队列训练时的基本依据，也是监狱人民警察教育改造罪犯必须具备的基础技能之一。

第一节 警察队列指挥基本任务与要求

一、目的意义

为切实提高基层警察队列指挥水平，加强教育改造罪犯的针对性，助力实现“三个一流”工作目标，规范监狱警察的队列指挥标准，统一服刑人员的队列动作和队列队形，落实监管改造工作要求，进一步彰显警察严格规范的管理水平与对罪犯严格规范的行为管控，培养罪犯良好的行为养成，激发罪犯改造精气神，特阐述警察队列指挥的要求。

二、目标任务

警察队列指挥示范要求，是警察作为指挥员指挥罪犯队列时的基本准则和进行队列训练时的基本依据。全体警察要严格遵照此示范要求，熟知指挥流程，熟记指挥要领，熟练指挥口令，通过加强罪犯队列训练，严格规范队列指挥程序，严格管控罪犯队列秩序，严格约束罪犯行为养成，进而营造良好的改造氛围，培养良好的精神风貌，有力激发罪犯的改造热情。

三、组织实施

由监区和分监区组织贯彻执行，在日常队列带押与指挥中应当认真遵照、严格落实。监区领导要模范带头，做好表率，并对分监区队列指挥情况进行检查、督导。

四、基本要求

1. 警察在队列指挥时，应姿态端正，警容严整，精神振作，严肃认真；

2. 罪犯在队列中，应当坚决执行队列指挥员口令，做到有令必行、令行禁止；

3. 按照列队带押要求，罪犯应当集中精力、听从指挥，动作准确、协调一致，严禁在队列中讲话、嬉笑等；

4. 队列行进时，应保持队列整齐。出入车间、食堂、监舍区域时，应保持好队列秩序，单列或者双列行进应前后紧凑、行进有序，不得勾肩搭背、聊天讲话。

第二节 警察队列指挥与队形

一、队列指挥位置

指挥位置应当便于指挥和观察队列整体情况，与另一名带押警察应一前一后或一左一右后呈对角线位置押解。通常如下：停止间，在队列中央靠前。行进间，纵队时在队列左侧中央前或者偏后，必要时在队列中央前，横队、并列纵队时在队列左侧前或者左侧，必要时在队列右侧前（右侧）或者左（右）侧后。

二、队列指挥方式

警察在对罪犯队列进行指挥时通常用口令。行进间，动令除“向右转——走”时落在右脚，其他均落在左脚。纵队行进时，可在行进间下达口令。

三、队列指挥流程

队列指挥的流程一般为：立正—向右看齐—向前看—稍息—整理着装—停—报数—稍息—向监区领导报告，视情进行下一步动作。

四、队列指挥要求

1. 指挥员队列指挥站位正确；

2. 指挥员姿态端正，精神振作，动作准确；

3. 指挥员口令准确、清楚、洪亮；

4. 指挥员熟练掌握和运用队列指挥方法；

5. 指挥员需认真清点人数，检查囚服穿着、胸卡佩戴情况，按规定组织搜身等；

6. 指挥员应该严格要求，注重管理罪犯队列纪律。

五、基本队形

队列的基本队形一般为罪犯点名集合和警察队前讲评时的横队，行进和罪犯进出车间、食堂、监舍区域时纵队，大型会场活动时的并列纵队；需要时，可以调整为其他队形。

六、列队间距

队列罪犯之间的左右间隔（两肘之间）通常约 10 厘米，前后距离（前一名脚跟至后一名脚尖）约 75 厘米；需要时，可以调整队列人员之间的间隔和距离。其他特殊活动按照活动现场总指挥警察调度进行。

七、其他队形

（一）10人以下的队形

10人以下的基本队形，分为横队和纵队；需要时，可以成二列横队或者二路纵队。10人以下通常按照互监组或临时互监组列队，必要时按照其他情况列队。

（二）监舍或生产线的队形

10人至30人一个监舍或生产线的基本队形，分为横队和纵队。一般按照实际工作要求分列整队。

指挥员的列队指挥位置：横队时，在第一列中间位置；纵队时，在队列中央前。

（三）分监区的队形

分监区的基本队形，分为横队、纵队和并列纵队。

分监区横队、纵队、并列纵队，由各监舍（生产线）的互监组板块依次向左或向后组成。

分监区部分老弱病残组成相应的队形，位于本分监区队尾。

分监区指挥员的列队位置：横队、并列纵队时，位于队列中间靠前位置；纵队行进时，位于队列左侧中央前或者偏后，必要时在队列中央前。

（四）监区的队形

监区的基本队形，分为横队、纵队和并列纵队。

监区纵队由各分监区的纵队依次向左并列组成。监区横队由分监区横队由前至后并向横排组成。监区并列纵队由各分监区组成的并列纵队依次向左并列组成。

大型活动现场应按照实际要求，监区所属罪犯编为三列（路）或以上的队形，按照分监区序列列队。

监区其他老弱病残采用相应的队形，位于本监区队尾。

监区指挥员的列队指挥位置：位于监区队列左前方。活动（仪式）开始后，可进行走动巡查。

第三节 警察队列指挥口令要领

一、队列指挥口令分类与下达口令基本要领和节奏

（一）口令分类

口令，是罪犯在队列训练和日常列队时指挥员下达的口头命令。根据下达方法的不同，可以分为以下四种。

1. 短促口令。其特点是：只有动令，不论几个字，中间不拖音、不停顿，通常按照音节（字数）平均分配时间，有时最后一个字稍长，发音短促有力。如“停”“报数”“蹲下”等。

2. 断续口令。其特点是：预令和动令之间有停顿（微歇）。如“罪犯××——出列”等。

3. 连续口令。其特点是：预令的拖音与动令相连，有时预令与动令之间有微歇；预令拖音稍长，其长短视罪犯的队列人数多少而定；动令短促有力。如“立——定”“向右——转”等。

4. 复合口令。兼有断续口令和连续口令的特点。如“以罪犯某某为准，向中看——齐”“左后转弯，齐步——走”等。

（二）下达口令基本要领和节奏

1. 发音部位要正确。下达口令用胸音或者腹音。胸音（胸膈膜音）多用于下达短促口令；腹音（由小腹向上提气的丹田音）多用于下达带拖音的口令。

2. 掌握好音节。下达口令要有节拍，预令、动令和微歇有明显的节奏，使队列中所有罪犯能够听得清晰。

3. 注意音色。音量不要平均分配，下达口令一般起音要低，由低向高拔音。如“向右看——齐”，“齐”字发音要高。

4. 突出主音。下达口令时，把重点字的音量加大。如“向后——转”要突出“后”字，“向前×步——走”要突出数字。

二、常见列队会操的七个基本内容动作及口令

（一）整理着装

动作及口令：当下达“整理着装”的口令后，要求罪犯

双手从衣领开始（有戴帽子的从帽子开始），整理帽檐、囚衣衣领、胸口口袋（胸卡）、胸前扣子等，自上而下，将着装整理好。整理完毕，自行稍息。下达“停”的口令，恢复立正姿势。

（二）整齐、报数

整齐动作及口令：当下达“向右（左）看齐”的口令后，最右（或最左）侧排头罪犯不动，其他罪犯向右（或向左）转头45度，眼睛看右（左）边第二名罪犯衣服上方第二粒扣子，同时双脚用碎步前后移动调整，用眼睛余光将肩膀对齐。后列人员，先向前对正，后向右（左）看齐。下达“向前看”的口令后，迅速将头转正，恢复立正姿势。

报数动作及口令：当下达“报数”的口令后，横队从左至右以短促洪亮的声音转头45度报数，报完数即将头转正，最后一名不转头。

蹲下报数动作及口令：当下达“蹲下——报数”的口令后，横队从左至右以短促洪亮的声音报数，同时握拳，手心朝内，手举至与头平齐，然后蹲下，右脚后退半步，前脚掌着地，臂部坐在右脚跟上（膝盖不着地），两腿分开约60度，手指自然并拢放在两膝上，上体保持正直，眼睛向前平视。

（三）立正稍息

立正动作及口令：当下达“立正”的口令后，两脚跟靠拢并齐，两脚尖向外分开约60度；两腿挺直，小腹微收，自然挺胸；上体正直，微向前倾；两肩要平，稍向后张；两臂下垂，自然伸直，手指并拢，自然微曲，拇指尖贴于食指第二节，中指贴于裤缝；头要正、颈要直、口要闭、两眼向前平视。

稍息动作及口令：当下达“稍息”口令后，左脚顺脚尖方向伸出约全脚的2/3，两腿自然伸直，上体保持立正姿势，身体重心大部分落于右脚，稍息过久，可自行换脚。

（四）跨立

跨立动作及口令：当下达“跨立”的口令后，左脚向左跨出约一脚之长，两腿挺直，上体保持立正姿势，身体重心落于两脚之间。两手后背，左手握右手腕，拇指根部与裤腰同高；右手手指并拢，自然弯曲，手心向后。（该动作用于罪犯集体唱红歌、喊口号等特殊场景）

（五）停止间转法

停止间转法动作及口令：当下达“向右（左）转”的口令后，以右（左）脚跟为轴，右（左）脚跟和左（右）脚掌前部同时用力，使身体协调一致向右（左）转90度，体重落在右（左）脚，左（右）脚取捷径靠拢右（左）脚呈立正姿势。转动和靠拢时，两脚挺直，上体保持立正姿势。向后转时，按向右转的要领向后转180度。

（六）行进与立定

1. 齐步与立定动作及口令：当下达“齐步走”的口令

后，左脚向正前方迈出约 75 厘米，按照先脚跟后脚掌的顺序着地，同时身体重心前移，右脚照此法动作；上体正直，微向前倾；手指轻轻握拢，拇指贴于食指第二节。

两臂前后自然摆动，向前摆臂时肘部弯曲，小臂自然向里合，手心向内稍向下，拇指根部对正衣扣线，并与最下方衣扣同高，离身体约 25 厘米；向后摆臂时，手臂自然伸直，手腕前侧距裤缝线约 30 厘米。

当下达“立定”口令后，左脚再向前大半步着地（脚尖向外约 30 度），两腿挺直，右脚取捷径迅速靠拢左脚，呈立正姿势。

2. 跑步与立定动作及口令：下达预令“跑步”时，两手迅速握拳（四指蜷握，拇指贴于食指第一关节和中指第二关节）提到腰际，约与肋骨最下边同高，拳心向内，肘部稍向里合。下达动令“走”后，上体微向前倾，两腿微弯，同时左脚利用右脚掌的蹬力跃出约 85 厘米，前脚掌先着地，身体重心前移。

右脚照此法动作，两臂前后自然摆动，向前摆臂时，大臂略直，肘部贴与腰际，小臂略平，稍向里合，两拳内侧各距衣扣线约 5 厘米；向后摆臂时，拳贴于腰际。

当下达“立定”的口令后，继续跑 2 步，然后左脚向前大半步（两拳收于腰际，停止摆动）着地、右脚靠拢左脚，同时将手放下，呈立正姿势。

3. 纵队方向变换

停止间，通常是左（右）转弯，或者左（右）后转弯，必要时可以向后转。

停止间口令：“左（右）转弯，齐（跑）步——走，或者左（右）后转弯，齐（跑）步——走；向后——转，齐（跑）步——走”。

行进间，通常是左（右）转弯，或者左（右）后转弯。

行进间口令：“左（右）转弯——走，或者左（右）后转弯——走”。

（七）蹲下、起立

蹲下：当下达“蹲下”的口令后，右脚后退半步，前脚掌着地，臀部坐在右脚跟上（膝盖不着地），两腿分开约60度，手指自然并拢放在两膝上，上体保持正直，眼睛向前平视。

起立：当下达“起立”的口令后，全身协力迅速起立，呈立正姿势。

第四节 警察队列指挥中的报告词类型

一、出工（收工）时的报告词

在出工（收工）时，主班警察在整队完毕后，跑步至监区领导前五至七步立定、行举手礼，监区领导还礼后将手放下，开始报告，报告词为：“×××同志（称‘职务+同志’，如监区长同志），××分监区集合完毕，应到×名，实到×名，是否出工（收工），请指示，值班员（或职务）×××。”待监区领导答复后，主班警察回答“是”并敬礼，待监区领导回礼后，将手放下，开始下一步动作。

二、大型活动时的报告词

当遇到监狱组织的大型会议或者其他重大活动时，负责现场组织的警察在整队完毕后，跑步至参加会议或者活动的最高领导前五至七步立定、行举手礼，领导还礼后将手放下，开始报告，报告词为：“×××同志（‘职务+同志’，如监狱长同志），长沙监狱参加××会议（或活动）全体罪犯集合完毕，是否开始，请指示，×××（‘部门+姓名’，如教育矫正科科长×××）。”待领导答复后，负责现场组织的警察回答“是”并敬礼，领导回礼后，将手放下，开始下一步动作。

三、遇到上级领导或来宾检查工作时的报告词

当上级领导或来宾进入监区生产区（生活区）大门时，监区主班领导跑步至带队参观（或检查）的领导前五至七步立定、行举手礼，领导还礼后手放下，开始报告，报告词为：“首长（如监狱长）同志，××监区正在组织罪犯生产劳动

（课堂教学），请指示，×××（‘职务＋姓名’）。”待参观（或检查）的领导答复后，监区主班领导回答“是”并敬礼，参观领导还礼后，将手放下。然后，在领导一侧陪同并引领领导进入生产区（生活区）。生产区（生活区）值班警察在距离领导五到七步时行举手礼，待受礼者还礼后，敬礼者礼毕或受礼者行至与其并排时，自行礼毕。

四、致报告词时几个注意事项

1. 报告时，报告人与被报告人之间距离5～7步为宜（3～5米），以保留适当距离并留给对方反应的节奏。

2. 报告要吐字清晰，声音洪亮，语速不宜太快，确保每个字都交代清楚。

3. 报告词要素要全（通常包括被报告人的职务、报告的内容、报告人的职务姓名），向直接领导报告不需要报告职务姓名，向非直接领导报告需要报告职务姓名。报告词中不要出现“报告某某领导、报告人”等。知晓领导职务时，报告“职务＋同志”，不知晓领导职务时，可报告“首长＋同志”。

4. 敬礼时，待领导放手后，报告人方可放手。

5. 队列集合报告时，先整队，下达“稍息”“立正”口令后，再致报告词。

6. 向领导报告时，距离3步以上，可用跑步；3步以下时，一般用齐步；距离比较近时，用正步往前踢一步即可。

第五节 警察队列指挥在生活场景的运用

一、组织起床

（一）场景描述

罪犯早上起床，需要警察进入监舍区域进行点名开锁。

（二）警察动作与口令

警察双人双岗，其中一名警察站立在监舍走廊区域内，另一名警察站在其3米范围内，相互警戒；在主班警察下达“全体起床——点名”口令后，吹一声长哨，两名警察从走廊靠门口一侧开始开锁并点名。两名警察一人点名，一人开门，在完成一个监舍的点名后，下达“起立——整理内务”口令。

（三）罪犯行为标准

罪犯在听到警察起床口令与哨声后，迅速起床穿好囚服，并在监舍内分立两排站好，等待点名。当听到警察点名口令后，举右手答“到”，并蹲下。当听到“起立——整理内务”口令后，起立并开始内务整理。

（四）注意事项

在警察对监舍罪犯组织点名时，严禁其他监舍罪犯在走廊上活动。待警察对所有监舍点名开锁完毕后，罪犯方可在走廊和其他区域活动。

二、组织下（上）楼

（一）场景描述

出工前，罪犯在生活区内整理好内务后，准备下楼集合。

（二）警察动作与口令

警察双人双岗，其中一名警察站立在监舍罪犯通道门口准备开锁，另一警察在其 3 米范围内警戒并下达“全体集合——下楼”口令后，吹两声短哨。一名警察先行下楼，打开一楼通道门，另一名警察待全体罪犯下楼后，逐个监舍进行巡查并上锁。

（三）罪犯行为标准

罪犯在听到“下楼”口令后，在监舍内分两排站立，并按照监区规定的监舍顺序，以互监组为单位依次单列行进、有序下楼。下楼过程中，严禁勾肩搭背、讲话聊天。

（四）注意事项

下楼时，监区老弱病残罪犯可另走一排，与监区单列队伍并行下楼，以免影响整体队列集合节奏。

收工后，组织罪犯返回监舍上楼时，警察动作与口令和罪犯行为标准与此类似。

三、组织集合出工

（一）场景描述

在罪犯到达草坪或操场后，组织集合，准备出工。

（二）警察动作与口令

主班警察在队伍中央靠前位置，下达“立正”口令；待罪犯肃静、呈立正姿势站好后，下达“向右（左）看——齐”的整齐口令；待罪犯看齐后，下达“向前看”口令；待罪犯完成“向前看”动作后，再下达“报数”（或“蹲下报数”）口令；待罪犯完成报数、人数清点完毕后，再下达“稍息”与“立正”口令。

上述动作与口令完成（整队完毕）后，主班警察跑步至带班的监区领导前五至七步立定，行举手礼，待监区领导还礼后，将手放下，开始报告，报告词为：“×××（称职务）同志，××分监区集合完毕，应到×名，实到×名，是否出工，请指示，×××。”监区领导答复后，主班警察回答“是”并行举手礼，待领导回礼后，将手放下，开始下一步动作。

（三）罪犯行为标准

当听到警察下达“立正”的口令后，两脚跟靠拢并齐，两脚尖向外分开约60度；两腿挺直，小腹微收，自然挺胸；上体正直，微向前倾；两肩要平，稍向后张；两臂下垂，自然伸直，手指并拢，自然微曲，拇指尖贴于食指第二节，中指贴于裤缝；头要正、颈要直、口要闭、两眼向前平视。

当听到警察下达“稍息”口令后，左脚顺脚尖方向伸出约全脚的2/3，两腿自然伸直，上体保持立正姿势，身体重心大部分落于右脚。

当听到警察下达“向右（左）看——齐”的口令后，最右（或最左）侧排头罪犯不动，其他罪犯向右（或向左）转头45度，眼睛看右（左）边第二名罪犯衣服上方第二粒扣子，同时双脚用碎步前后移动调整，用眼睛余光将肩膀对齐。后列人员，先向前对正，后向右（左）看齐。

当听到警察下达“向前——看”的口令，迅速将头转正，恢复立正姿势。

当听到警察下达“报数”（或“蹲下报数”）的口令后，横队从左至右以短促洪亮的声音转头45度报数，报完数即将头转正，最后一名不转头。（听到“蹲下报数”口令后，举右手，迅速报数下蹲）

（四）注意事项

组织集合出工是警察队列指挥中比较常用和重要的一环，在下达整理队伍的“立正”口令后，可以适当加入“整理着装”的口令。

四、组织队列行进

（一）场景描述

当警察在整理队伍完毕后，开始将队列带至生产区（生活区）准备出工（休息或就餐时）。

（二）警察动作与口令

当警察下达“向右（左）——转”的口令后，队列整体转至右（左）侧，当警察下达“左转弯——齐步——走”，队列整体向左转走。待队伍整齐走到三道门大道上，警察下达唱某首歌的第一句歌词“×××，预备——唱”的口令，队伍开始唱歌。队伍在穿过三道门时，下达“左（右）转弯”口令，待到达指定区域后，下达口令“立——定”。

（三）罪犯行为标准

当警察下达“向右（左）——转”的口令后，以右（左）脚跟为轴，右（左）脚跟和左（右）脚掌前部同时用力，使身体协调一致向右（左）转90度，体重落在右（左）脚，左（右）脚取捷径靠拢右（左）脚呈立正姿势，转动和靠拢时，两脚挺直，上体保持立正姿势。

当警察下达“齐步——走”的口令后，左脚向正前方迈出约75厘米，按照先脚跟后脚掌的顺序着地，同时身体重心前移，右脚照此法动作。上体正直，微向前倾；手指轻轻握拢，拇指贴与食指第二节。两臂前后自然摆动，向前摆臂时肘部弯曲，小臂自然向里合，手心向内稍向下，拇指根部对正衣扣线，并与最下方衣扣同高，离身体约25厘米；向后摆臂时，手臂自然伸直，手腕前侧距裤缝线约30厘米。

当警察下达“×××，预备——唱”口令时，队伍开始集体唱歌，重拍在左脚，按照节奏进行。

当警察下达“立——定”口令后，左脚再向前大半步着地（脚尖向外约30度），两腿挺直，右脚取捷径迅速靠拢左脚呈立正姿势。

（四）注意事项

行进口令下达后，要注意把握整个队伍的整体节奏，调整口令要与整体节奏保持一致。

五、组织出工上楼

（一）场景描述

待出工队列带至车间楼下指定地点后，罪犯单列行进上楼。

（二）警察动作与口令

当队伍到达车间楼下指定位置，警察先下达“立定”口令，然后下达“向前——对正”口令，调整队伍，再下达“左（右）边第一列——进”的口令。此时，主班警察应在队伍前面先行上楼，队列尾端的警察应该站在队列的中间靠前段，俯视整个队列。

（三）罪犯行为标准

罪犯在听到警察下达“向前——对正”口令后，迅速向前对正呈立正姿势站好，准备上楼。在警察下达“左（右）边第一列——进”口令后，相应单列队列向前行进，后续队列依次跟进。

（四）注意事项

当队列带至楼下指定位置集合时，是警力配置比较薄弱的时间段，监区领导应及时补充警力空档。

六、组织集合就餐

（一）场景描述

罪犯在就餐时间段，在食堂内的进出秩序与就餐秩序。

（二）警察动作与口令

组织下楼集合与队列行进口令与指挥参照前述四、五条进行。在队伍行进至食堂前坪指定位置后，警察先下达“立定”口令，然后下达“向前——对正”口令，调整队伍，再下达“左（右）边第一列（两列）——进”口令。此时，第一名主班警察应在队伍前面先行进入食堂，队列尾端的警察应该站在队列的中间靠前段，俯视整个队列。当警察进入食堂后，前后交叉进行走动巡查。

待队伍全部进入食堂，所有罪犯都站立于自己的餐座位置后，主班警察下达“坐”的口令，罪犯坐下并开始打饭就餐。待全体罪犯就餐完毕后，警察下达“起立——走”口令，罪犯按座位（或排列）顺序单列行进，走出食堂。

（三）罪犯行为标准

罪犯从食堂外以单（双）列进入食堂后，在各自座位上站好，并保持食堂就餐现场安静。待警察下达“坐”的口令后，开始坐下并打饭就餐。待结束就餐后，罪犯收拾好桌面卫生并在座位上坐好，在听到警察下达“起立”口令后，按照监区规定的顺序成单列行进，饭碗放于门口指定位置，有序走出食堂，并在前坪集合。

（四）注意事项

食堂就餐时，罪犯人员非常密集，且排队进出、饭菜分配、拿取自备菜等环节容易产生各种摩擦或矛盾，警察在食堂内应加强走动巡查，以便及时处理和化解有关问题。

七、组织晚点名落锁

（一）场景描述

当罪犯在监狱规定的就寝时间前完成洗漱后，在监舍内准备晚点名。

（二）警察动作与口令

警察一般提前 5～10 分钟通过广播提醒罪犯将要进行晚点名落锁，待到规定时间后，警察进入监舍走廊区域，下达“点名”口令。一名警察持册点名，另一名警察持钥匙落锁。一间监舍点名完毕，由点名警察下达“起立——向后转”口令，待全部监舍点名落锁完毕后，再下达“解散”口令。

（三）罪犯行为标准

罪犯在听到警察下达“点名”口令后，迅速回到监舍内并分两排站立好，准备接受点名。在警察来到监舍门口，听到警察点到自己名字后，举手答“到”并蹲下；待听到警察下达“起立——向后转”口令后，起立并向后转；待全部点名完毕，警察下达“解散”口令后，上床就寝。

（四）注意事项

在警察晚点名时，如有患病卧床的罪犯，在得到警察允许后，可以不下床参加晚点名。在监舍走廊区域点名落锁时，一般应保持警察双人双岗，并以一人持册、一人落锁的方式进行晚点名。

第六节　警察队列指挥在学习场景的运用

一、组织智慧平台学习

（一）场景描述

罪犯在监舍内准备电视终端智慧平台学习。

（二）警察动作与口令

在按照教学计划开始智慧平台学习前5分钟，警察通过广播或直接进入罪犯监舍走廊区域，提醒并督促罪犯回到自己监舍，做好学习准备。上课时间一到，即下达“开始上课”口令，并对监舍内的学习现场进行巡查。完成一节课的学习后，警察通过广播或在监舍走廊区域下达“解散”口令，罪犯开始课间休息。

（三）罪犯行为标准

智慧平台学习前5分钟，罪犯应停止一切活动，回到自己监舍，将塑料凳摆好，做好上课准备。当听到警察下达“开始上课”口令后，罪犯在塑料凳上坐好，开始上课。上课期间，罪犯严禁做与上课无关的事情。当听到警察下达“解散”口令后，罪犯开始自行活动，进行课间休息。

（四）注意事项

上课期间，如遇有罪犯上厕所的情况时，警察应该现场组织，按监舍顺序有序进行。

二、组织监区课堂化教学

（一）场景描述

监区自行组织开展的课堂化教学，带押罪犯在本监区内进行授课。

（二）警察动作与口令

监区警察进入教室（或活动室），对参加课堂化教学的罪犯（视情况可以是整个分监区罪犯或部分监舍罪犯）进行整队，依次下达“稍息”、“立正”、“向右看齐”、“向前看”、“放凳子”及“坐下”口令，罪犯坐好开始课堂化教学上课。授课结束后，警察再依次下达“起立”、“拿凳子”及“解散”口令，罪犯按要求有序出教室（或活动室），并自行活动，开展课间休息。

（三）罪犯行为标准

罪犯在听到警察下达整队口令后，按队列动作相应完成“稍息”、“立正”、“向右看齐”及“向前看”四个动作；当听到警察下达“放凳子”口令时，右手将塑料凳拿在手中，然后上体右转，单手将塑料凳轻轻置于脚后，恢复立正姿势；当听到“坐下”口令后，迅速坐在塑料凳上。授课结束时，先按“起立”口令迅速起立，听到“拿凳子”口令后，上体左转，左手持凳，立正站好。当听到警察下达“解散”口令后，按照监区规定顺序，有序走出教室（活动室），开始课间休息。

（四）注意事项

课堂化教学是监区自行开展的教学活动，当授课人数较多时，警察应该加强现场管控，维护好秩序。

三、组织课间休息

（一）场景描述

课间休息主要是在休息时间段，组织罪犯进行抽烟或者上厕所等活动。

（二）警察动作与口令

警察在课堂化教学（或智慧平台教学）结束后，警察下达“解散”口令后，罪犯自行开始按照监区规定的课间休息制度，有序开展抽烟、上厕所等活动。

（三）罪犯行为标准

在听到警察下达“解散”口令后，罪犯应该在警察的组织下，按照监区规定，有序走出教室（或活动室、监舍），有序开展课间休息。

（四）注意事项

罪犯在听到“解散”口令后，严禁“一窝风”挤出教室（或活动室、监舍）。课间休息时，警察应对走廊区域进行现场巡查或视频巡查，以保障课间休息的秩序。

四、组织警示教育基地学习

（一）场景描述

当遇到观影、晚会或授课等大型活动，需要带押罪犯至警示教育基地（教学楼）开展活动。

（二）警察动作与口令

组织下楼集合与队列行进按前述动作与口令要求进行。在到达警示教育基地（教学楼）前坪时，上楼动作与口令与前述组织出工上楼时动作与口令要求一致。在到达指定楼层后，警察先指挥罪犯按照活动要求的指定位置有序站好，再下达“坐下”口令，罪犯集体坐下。当领导、来宾或授课老师进入活动现场后，警察下达“起立”“鼓掌欢迎”口令，罪犯起立并鼓掌。待领导、来宾或授课老师就座后，再下达

"停""坐下"口令，罪犯停止鼓掌并坐下。

（三）罪犯行为标准

罪犯在听到警察下达"坐下"口令后，罪犯集体坐下。当听到警察下达"起立""鼓掌欢迎"时，应该迅速起立并热情鼓掌，欢迎领导、来宾或老师入场。在听到警察下达口令"停""坐下"后，停止鼓掌并迅速坐下，保持安静，等待授课或活动开始。

（四）注意事项

活动期间，警察应按照一前一后的警力配置在会场进行巡查警戒，以维持会场秩序，确保活动安全、顺利。

五、组织大型教育活动

（一）场景描述

在操场开展全狱的大型教育活动。

（二）警察动作与口令

在带押监区队列进入会场时，队列行进按照前述齐步行进与立定的要求进行。到达操场后，警察按列队指挥流程依次下达"稍息"、"立正"、"向右看齐"及"向前看"口令。若是活动时间不长，要求罪犯徒手坐下时，警察直接下达"坐下"口令；若是活动时间较长，要求罪犯携塑料凳坐下时，警察先下达"放凳子"口令，再下达"坐下"口令。罪犯依口令坐好后，等待大型教育活动的开始。如遇活动的总指挥长进行全狱整体队列的调整，按照有关口令指示进行动作。教育活动结束后，警察按照规定离场顺序下达“起立”或“起立”、“拿凳子”口令，并调整队伍，以齐步行进口令指挥队列有序带离操场。

（三）罪犯行为标准

在听到警察下达“稍息”、“立正”、“向右看齐”及“向前看”口令后，罪犯按照口令依次进行动作。若是徒手坐下，当警察下达“坐下”口令时，罪犯左小腿在右小腿后交叉（根据身体情况），迅速坐下，手指自然并拢放在两膝上，上体保持正直。若是携塑料凳坐下，当听到警察下达“放凳子”口令时，右手将塑料凳拿在手中，尔后上体右转，单手将塑料凳轻轻置于脚后，恢复立正姿势；当听到“坐下”口令后，迅速坐在塑料凳上。当徒手起立时，听到“起立”口令后，迅速起立，呈立正姿势站好。当坐凳子起立时，听到“拿凳子”口令后，上体左转，左手持凳，立正站好。待警察下达“齐步——走”口令后，撤离会场。

（四）注意事项

大型活动现场的开场时间段，队列指挥员应站在队伍前靠左侧。活动开始后，警察应对罪犯活动现场开展走动巡查。

第七节 警察队列指挥在劳动场景的运用

一、劳动现场讲评

（一）场景描述

车间劳动现场，对罪犯进行讲评教育和组织生产会议等情况。

（二）警察动作与口令

在车间劳动现场开展讲评教育和组织生产会议的情况，一般有两种方式：一是将部分罪犯集中在车间某特定区域小范围内进行；二是集合所有罪犯在机位上进行。警察在组织部分生产线开展讲评教育时，先将罪犯带押至指定区域，下达“稍息”、“立正”、“向右看齐”及“向前看”整队口令后，开始讲评教育。若讲评时间较长，需罪犯徒手坐下，警察整队后先下达“坐下”口令，再开始讲评教育。当全监区整体进行讲评教育或组织生产会议时，警察先下达“停”的口令，所有罪犯停止手中一切活动，端坐于机位上。当讲评教育或会议结束后，警察视情况下达收工与继续劳动的指令。

（三）罪犯行为标准

在听到警察的“稍息”、“立正”、“向右看齐”及“向前看”口令后，罪犯按照口令依次进行动作。当警察下达“坐下”口令时，罪犯左小腿在右小腿后交叉（根据身体情况），迅速坐下，手指自然并拢放在两膝上，上体保持正直。当听到警察下达“停”口令后，迅速停下手头一切劳动，端坐于机位上。

（四）注意事项

警察在车间劳动现场开展讲评教育与组织生产会议时，应对现场秩序进行巡查管控，确保教育和会议效果。

二、劳动现场点名

（一）场景描述

劳动现场点名，一般分为整点点名与出车点名两类。

（二）警察动作与口令

在固定时间进行整点点名时，主班警察站立于车间正中央位置，另一名警察在其身旁3~5米内警戒。主班警察下达“整点点名”口令，罪犯全体起立后，警察再下达“报数”口令，罪犯依序逐一举手报数后坐下。报数完毕后，主班警察下达“继续劳动”的口令。当接到特警队通知进行出车点名时，主班警察先站立于车间正中央位置，另一名警察在其身旁3~5米内警戒，主班警察下达“出车点名”口令，罪犯全体起立后，警察再下达“报数”口令，罪犯举手依序逐一报数后坐下，报数完毕后，主班警察下达“继续劳动”口令，并用对讲机给特警队回复：“××监区出车点名完毕，人数确认无误。汇报人：×××。”

（三）罪犯行为标准

罪犯在听到警察下达“整点点名”口令后，立即停止手中一切劳动，起立呈立正姿势站好，准备点名。当听到警察“报数”口令后，依序逐一举手报数。报数完毕，即自行坐下。当听到警察“继续劳动”口令后，继续进行劳动生产。出车点名时的行为标准同上。

（四）注意事项

在整点点名时，主班警察应对车间劳动现场进行巡查，并根据罪犯报数路径进行走动点名。

三、劳动现场组织上厕所

（一）场景描述

在劳动现场组织罪犯上厕所，分具体时间段或分生产线进行。

（二）警察动作与口令

在监区规定的时间段内，分生产线组织罪犯进行分组上厕所时，主班警察先行至该生产线中间段，另一名警察在车间执勤台位置警戒全局。主班警察下达“第×线——起立”口令，待该线罪犯全体起立后，下达“前进”口令，罪犯按照生产线顺序单列行进至厕所，有序如厕。如厕后，罪犯自行在厕所门口有序排队，待所有罪犯到齐后，再下达“前进”口令，罪犯回到机位后开始生产劳动。

（三）罪犯行为标准

罪犯在听到警察下达的“起立”口令后，立即停止手中一切劳动，起立并在生产线走廊内按一路纵队排队站好。当听到“前进”口令时，单列有序行进至厕所，如厕后，自行在厕所门口按一路纵队排队站好。当听到“前进”口令后，再单列有序回到生产线机位上，继续生产劳动。

（四）注意事项

在组织该项活动时，因车间现场有“三零三不”要求，警察应注意保持和维护劳动现场的良好秩序，加强罪犯整体流动时的管控。

第八节　警察队列指挥在其他场景的运用

一、会见、就医等零散带押

（一）场景描述

零散带押为监区警察押解小部分罪犯进行场地移动时的带押方式，如会见、就医等。

（二）警察动作与口令

警察在会见、就医等进行零散带押时，应先在生产区或生活区内对场地更换的罪犯进行临时互监组编排。编排好后，将罪犯集合，下达“立正”“报数”口令，完成人数清点，并与监区其他警察交接后，下达“向右（左）——转”“齐步——走”口令，将罪犯带押至指定地点后，进行下一步动作。

（三）罪犯行为标准

在警察下达“立正”“报数”口令后，罪犯按照单排顺序和队列要求完成警察下达的队列动作。在行进过程中，以单列行进，前后有序，严格遵守队列纪律，严禁在队列中聊天、嬉笑。

（四）注意事项

警察在带押单列队列时，一般在队伍靠近宽阔侧的中间靠后位置指挥为宜。

二、大型宣誓教育、升国旗等活动

（一）场景描述

监狱利用重大节日等时机，在操场（或新址的中心广场）组织全体罪犯开展宣誓教育、升国旗等活动。

（二）警察动作与口令

按监狱通知要求，将罪犯带押至操场（或新址的中心广场)，根据监区座位安排，分×路纵队进行排列，监区警察下达“向前对正”“稍息”“立正”的整队口令，罪犯按指挥口令完成队列动作。当活动总指挥下达“宣誓”口令后，罪犯举手进行宣誓，宣誓完毕后，总指挥下达“宣誓完毕”口令，并视情况开展下一步活动。

（三）罪犯行为标准

当听到监区警察下达的“向前对正”“稍息”“立正”口令时，罪犯按指挥口令完成相应的队列动作。当听到总指挥警察下达“宣誓”口令时，罪犯身体保持立正姿势，右手握拳取捷径迅速抬起，拳心向前，稍向内合；拳眼约与右太阳穴同高，距离约10厘米；右大臂略平，与两肩略成一线；高声诵读誓词。听到“宣誓完毕”的口令，将手放下。

（四）注意事项

开展大型教育活动时，应密切关注监区重点罪犯，避免出现突发情况。

三、大型比赛活动

（一）场景描述

监狱组织罪犯大型篮球比赛、运动会等活动时，在操场（或新址的中心广场）举行开幕式出入场的队列指挥。

（二）警察动作与口令

按监狱通知要求，将参赛罪犯分×路纵队进行排列，先带押至操场（或新址的中心广场）附近指定位置，等候入场。当活动总指挥下达“参赛队员入场”口令后，监区警察下达“齐步——走”口令，罪犯举牌，按照齐步行进的队列要求入场，到达指定位置后，监区警察下达“立——定”和“向前对正”、“稍息”、“立正”的整队口令，罪犯按指挥口令完成队列动作，视情况开展下一步活动。

（三）罪犯行为标准

大型比赛活动分为参赛罪犯和观赛罪犯。参赛罪犯在入场时的队列要求参照参加大型教育活动时要求进行，对入场仪式和观赛纪律要求以现场总指挥提出的要求为行为准则；观赛罪犯在规定区域内有序就座，撤离时将坐凳、现场垃圾等带离。

（四）注意事项

组织两个部分罪犯入场时，按照监狱规定的进场顺序进行。活动期间，应加强对观赛罪犯的集中管理，严禁罪犯私自走动。